闲话上海

王汝刚 口述
《新闻坊》栏目组 整理

上海大学出版社

图书在版编目(CIP)数据

闲话上海/王汝刚口述;《新闻坊》栏目组整理. —上海:上海大学出版社,2018.8(2018.9重印)
ISBN 978-7-5671-3210-8

Ⅰ.①闲… Ⅱ.①王… ②新… Ⅲ.①上海-地方史-通俗读物 Ⅳ.①K295.1-49

中国版本图书馆 CIP 数据核字(2018)第 173864 号

责任编辑　黄晓彦
封面设计　缪炎栩

闲 话 上 海

王汝刚　口述
《新闻坊》栏目组　整理
上海大学出版社出版发行
(上海市上大路99号　邮政编码200444)
(http://www.shupress.cn) 发行热线 021-66135112
出版人　戴骏豪
*
上海市印刷四厂印刷　各地新华书店经销
开本 710mm×1000mm　1/16　印张 14.5　字数 238 000
2018年9月第1版　2018年9月第2次印刷

ISBN 978-7-5671-3210-8/K·188　定价:30.00元

美好的集体记忆

(代序)

《闲话上海》要出书了,我就像胸口挂钥匙——开心!编导邀请我作序,我婉言谢绝,觉得写自己的书,自己写序,有点像"王婆卖瓜——自卖自夸"。不过,经勿起编导的几句好话:"作序并不是为了宣传侬自己呀,从当初开设《闲话上海》节目,到现在结集成书,主要还是为了传承上海文化搭仔上海闲话,留存上海人对这座城市美好的集体记忆。"迭能一讲,我就不好拒绝了。那么,就从我搭迭个《闲话上海》的缘分讲起吧。

我是上海人,从小生活在这片热土上,听见有人称我为"老上海",心里甜蜜蜜。我为家乡日新月异的变化感到高兴。特别是改革开放以来,被誉为东方大都市的上海发生了翻天覆地的变化,到处高楼林立,风景优美,环境清新,生活在这片土地上真是幸福。

不过,日长时久,我也产生了一些遗憾,那就是上海小囡不会讲上海闲话,这成了老上海人的心病。眼看这些天真活泼的小朋友讲起普通话来声音清脆、语言流畅,一旦讲起上海闲话,却是结结巴巴,七搭八搭,甚至目瞪口呆。因此,不少有识之士一直在呼吁:热爱祖国从热爱家乡开始,传承上海闲话也就是传承海派文化!不瞒大家讲,我也是其中一位积极分子。

好在近年来,大家基本上达成一个共识:在上海这个国际大都市生活要想得心应手,必须要学会"三话",即"弘扬普通话、传承上海话、会说外国话"。正所谓"学会三种话,走遍天下都不怕"。

感谢上海电视台的领导,他们很重视民意,审时度势,五年前,开办了一档沪语节目《大家帮侬忙》。这档节目是《新闻坊》的姊妹栏目。在这档节目中,我担任主持人,讲一口纯正的上海闲话,因此,深受上海市民欢迎。说实在的,我们都没有估计到,确实有不少观众来要求帮忙。由于编导的努力,解决了不少民生诉求,满足了许多市民的美好心愿,所以这档栏目很有观众缘。

节目要常办常新,才会受观众欢迎。前年,《新闻坊》又推出了每周一期的沪语栏目《闲话上海》;春节期间,编导邀请了资深媒体人畸笔叟(郑健老师)参与策划制作特别节目"过年老规矩"。录像那天,我身穿紫红色中装,特邀的上海人民广播电台主持人沈蕾则穿上了旗袍,两人共同担任主持。在装饰一新、喜气洋洋的演播室里,我们从上海人办年货、祭灶神、吃年夜饭、接财神菩萨等老规矩,一五一十,娓娓道来。后期制作时,编导为了配合节目内容,寻来不少有趣的历史老镜头,穿插在节目中。播出后,观众反映良好,大家讲,"过年老规矩"这几期节目,内容生动,图文并茂,相得益彰,这些"老规矩"听起来很亲切,好像让阿拉又回到了童年的美好时光,优秀海派文化应当要代代相传。新上海人则讲:这些规矩一点也勿老,对我们来说,反而觉得有新鲜感,对我们融入上海这个大家庭很有帮助。观众朋友的评价,坚定了我传承上海文化的信心。

《闲话上海》开播已有两年多了,每个礼拜天播出一集,目前已经积累了一百多集。话题交关广泛,既有传统文化,也有新闻热点,"公用电话间""乘风凉""巨龙公交车"等上海人感兴趣的回忆,都是灵光的话题。现在看来,最受欢迎的还是谈美食,像"开春时鲜货""热天里的瓜果冷饮"等话题,大家都很感兴趣。在这里,我向大家爆点料,讲点真实的幕后故事。我平时欢喜吃,属于"馋佬胚",因此讲到美食话题,我闲话特别多,而且越讲越有劲,和我搭档的几位小姑娘越听越有味道,往往我讲得自己馋吐水搭搭滴,两个小姑娘听得肚皮咕咕叫,只好向我讨饶:王老师,让我们吃饱了肚皮,侬再讲好吗?哈哈,这几个小姑娘——舒怡、刘晔、雪瑾、裔莎、刘舒佳等,都是一样的腔调。

碰到节日长假,我们还制作特别节目,像"陪侬游古镇""陪侬荡马路"。编导让我搭女主持人边走边聊,不仅展示了古镇、名街的风貌,还介绍了不少典故及笑话。今年春节,我们推出了"阿王拜年"系列节目,让"阿王"代表广大电视观众,向上海文艺界几位德高望重的老艺术家拜年、贺岁,听伊拉谈了从艺道路上鲜为人知的故事;今年五一劳动节前后,我们又推出了"侬好劳模"系列节目,向为社会主义建设作出贡献的劳动模范致敬。

《闲话上海》这本书,就是上海广播电视台融媒体中心《新闻坊》栏目的编导们,以这些节目中的精彩内容为核心,精心策划编辑而成的。我希望这本书能够激起老上海人美好的集体记忆。同时,对新上海人学习沪语方言、了解上海文化、重温海派传统有所帮助,就像宣传口号讲的一样:为侬打开一扇窗,"谈谈身边的事体,回到老早的辰光"。

王汝刚
2018年6月28日

目　录

上海老味道
漫谈"四大金刚" / 3
老底子的冷饮 / 8
上海人吃瓜轶事 / 12
开春时鲜货:笋篇 / 16
开春时鲜货:河鲜篇 / 20
开春时鲜货:糕团篇 / 24

上海老底子
乘风凉往事 / 31
电话间的故事 / 37
从"头"讲起 / 42
上海人的"嘭嚓嚓" / 47
上海人记忆当中的巨龙车 / 51
谈谈小人书　讲讲老故事 / 55
千奇百怪"除四害" / 60
搪瓷,上海人的集体记忆 / 64

上海好白相
荡马路:淮海路 / 71
荡马路:华山路 / 75
荡马路:衡山路 / 78
荡马路:番禺路及周边 / 82
荡马路:杨树浦路、复兴岛 / 86
荡马路:苏州河沿岸 / 90
锦江乐园好白相 / 95
市百一店的前世今生 / 99
不进天蟾不成名 / 103
漫谈当年"打仗片" / 107

过年老规矩
办年货 / 115
年夜饭 / 121
好白相 / 126
做人客 / 131
接财神 / 136
做新衣 / 140
讨口彩 / 145

阿王拜年

京剧表演艺术家尚长荣／153
昆曲表演艺术家蔡正仁／160
越剧表演艺术家王文娟／167
国画家"民间艺人"戴敦邦／172
书法家、金石篆刻家高式熊／178
名导演吴贻弓／184
评弹表演艺术家蒋云仙／189
滑稽表演艺术家李九松／197

侬好劳模

"抓斗大王"包起帆／207
"明星"劳模黄宝妹／211
好警察马人俊／217
"小扁担"杨怀远／221

后记／225

上海老味道

漫谈"四大金刚"

（以下嘉宾主持王汝刚简称"王"，嘉宾主持陈蔚简称"陈"）

王：周日《新闻坊》，"闲话上海"听我讲。

陈：王老师，搿个礼拜阿拉上海人侪老关心一条新闻的。

王：啥个新闻？

陈：市消保委对上海市25只品牌的油条进行了一整套检查，结果发觉像永和大王、肯德基、麦当劳迭种品牌侪有问题出来。

王：我看了迭只新闻，我开头也吓一跳，哦唷！介许多毛病啊？有种嘛含铝，有种嘛含塑化剂，有种嘛油过期了，侪老化了。我想迭个勿要吓人啊？结果后来听了专家的解释，我明白了，问题确实有，但是呒没介严重。葛末搿能，今朝阿拉就谈谈，上海人的早点"四大金刚"。

陈："四大金刚"，勿就是大饼、油条、豆腐浆、粢饭吗？

王：一点也勿错。

陈：搿个"四大金刚"做起来有啥讲究，吃起来有啥花头哦？

王：阿拉就先从油条开始讲起。迭个油条是面粉制品，从小就吃到大的。做油条有讲究的，有种摊头生意好的，伊迭个油条做得比人家大，比人家长，比人家粗。葛末哪能看得出来呢？侬用勿着拿尺去量的，只要目测，眼睛一看。哦唷！迭家人家油条正宗的，因为迭只箩筐上头，高出一指比较标准的。有种人家比较短，勿来三，搿家人家没伊拉正宗，没发出来，一定要搿点长短，胖瘦也有关系的，多看侬就晓得了，迭个叫熟能生巧。大人买油条，拿啥

吃油条

谈谈身边事,回到老辰光

物事呢?从前辰光卖油条旁边有稻草的,叫咸水草。迭个咸水草可以编席子的,伊摆在旁边的,侬买四根油条、五根油条,拿瓣个水草搭伊扎一扎,可以拎转去的。小朋友呢,爷娘交拨伊一样物事。一只钢盅镬子,钢盅镬子里向呢放豆腐浆。钢盅镬子盖头翻过来,上头可以摆油条,可以摆粢饭或者大饼。"四大金刚"实际上拿一只镬子侪好解决的。

陈:怪勿得,我瓣个辰光一直看到阿拉爸爸拿一只钢盅镬子去,也没问过伊为啥拿钢盅镬子,觉着大,装起来多,原来还是小辰光养成的习惯。

王:外加还比较方便。乃末迭个油条做得好坏,除脱一个是目测之外,第二个是口感。好的油条吃上去松、脆。油条还有一点,辰光勿好摆了多,辰光一摆了多了之后呢,迭个油条要倒下来的。

陈:翻脱了,阿拉上海人讲。

王:所以上海人还有门槛精的呢,一样买的辰光搭老师傅讲:"哦哟,老师傅!我每日来买的。""对的,侬每日来买的。啥事体啊?""谢谢侬,帮我煎得辰光长一点。"

陈:老油条。

王:乃末出了老油条。"老油条"上海人还有一种意思,啥意思呢?骂人,"迭个人老油条了。油条老得一塌糊涂。""老油条"是啥意思呢?既是褒义又是贬义,贬义的意思老清爽,迭个人太油滑了,像油条在油锅里千锤百炼,迭个人是滑头;另外一个,虽然讲是"老油条",老末老,还派得着用场。

陈:瓣个蛮难解释的,有阿拉上海人自己的味道在当中。

王:对,所以一个油条可以讲出介许多物事。挨下来讲讲大饼。

陈:诶,对的。瓣个大饼就是油条的最佳搭档了对哦?吃油条肯定要大饼包了一道吃,瓣个再是完整的一套,阿拉中国人的汉堡包。

烧饼

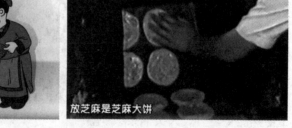

做大饼

王：在十六铺、火车站,从前的小贩,苏北人卖大饼油条蛮多的,一直叫:"大饼油条!大饼油条!"一只篮子弄了蛮清爽的,下头垫一块棉花胎,辤个棉花胎是用白的布头包裹过的,然后拿油条大饼放上去,上头再拿一块布头盖一盖。虽然讲是辰光蛮长了,但还可以保存一点点的温度,所以吃上去勿是冰冰潵的。大饼油条要吃热的,大家侪晓得的,所以迭个还保持一点温度,还是蛮好吃的。大饼花式品种还是老多的,包糖的,就是白糖,甜大饼。可以换成葱油萝卜丝的,辤个萝卜丝大饼老好吃的,好放梅干菜搭仔肉,是梅干菜大饼。摆咸菜是咸菜大饼,摆芝麻是芝麻大饼。有甜有咸,花式品种非常多。所以一只大饼,花样经蛮透的。而且大饼历史悠久,阿拉看过《儒林外史》的朋友侪晓得的,里向有一段情节,我一讲大家记忆犹新。啥呢?两个酸不溜秋的秀才,屋里向穷,吃勿起,到茶馆店里去吃茶去,买副大饼油条吃,吃到后头胃口实在大,大饼勿够,哪能办呢?看见落脱两粒芝麻,落在台子缝里向,伊想拿台子缝里向的芝麻抠出来吃,迭个难看勿啦?毕竟是读书人呀,乃末想办法了,迭个也只有读书人想得出,迭个正宗是借题发挥。一个问:"今朝天气好哦?""天气蛮好的。""我搭侬讲,明朝天气还要好。"(拍桌子)芝麻跳出来了。"后天天气更加好!"(拍桌子)一点勿浪费,在《儒林外史》当中有迭能的一段。

陈：辤个咸大饼搭甜大饼,侬欢喜吃哪一种?

王：我倒欢喜吃咸大饼,但是有的辰光心情变起来,欢喜吃甜大饼。有一点我蛮促掐的,葛咾我只胃勿大好,我吃甜大饼的辰光欢喜买咸豆腐浆,我吃咸大饼的辰光要吃甜豆腐浆。

陈：我也欢喜迭能夹花着吃,口感更加好。

王：挨下来要讲豆腐浆了。人家讲做豆腐浆蛮辛苦的,因为伊是半夜里向就起来了,要磨黄豆,黄豆磨好之后要烧,烧开之后,侬摆一点糖就是甜豆腐浆,咸豆腐浆的作料摆起来就多了。上海人通常有几样物事,油条、酱油、榨菜、葱花,迭个侪是必勿可少的,虾皮、紫菜。迭个一碗物事放完之后,味道好得勿得了了。

陈：我已经流涎唾水了,瞎香。

王：所以一碗豆腐浆有老多学问的,同样做豆腐浆,做得好的人卖豆腐浆可以讲是发财的。讲有一个人伊也是卖豆腐浆的,伊的豆腐浆生意要比人家好,伊赚的钞票比人家多,葛末阿是伊缺斤少两,阿是多掺水呢?并勿是的,伊

豆浆

有诀窍的。因为吃咸豆腐浆,吃甜豆腐浆,上海人吃得考究的人家要摆物事的。咸豆腐浆加啥物事?鸡蛋。而且迭个蛋要新鲜,最好是头生蛋,辩个是灵得勿得了。迭个老板比人家会做生意,就在辩搭,就多讲一句言话,勿管张三李四来买豆腐浆,伊要问人家一句。伊拿一只蛋拿过来,"一只还是两只?"其实人家并勿一定要加,但是伊问辩句言话问得巧妙:一只还是两只?上海人要面子的,伊勿会讲"勿要!"勿会的。脱口而出:"一只。""好,一只。"生意做好了,所以伊迭碗豆腐浆要搭鸡蛋的,一摆鸡蛋利润就高了,所以迭个老板聪明,就靠迭能一句言话"一只还是两只",拨伊一爿、两爿店就开出来了。

陈:辩个就是做豆腐浆发财的小故事。

王:对,所以豆腐浆里向也有学问的。讲过油条,讲过大饼,讲过豆腐浆。

陈:还有阿拉上海人最有特色的粢饭团。

王:粢饭团屋里向也好做的,但是比较麻烦。为啥呢?粢饭要拣上等的好糯米,先要拿糯米浸,浸起码三个钟头以上。一般人家考究一点的或者贪方便的,浸一夜天。浸好仔拎起来摆在蒸笼上去蒸,刚刚蒸出来的粢饭嬿得勿得了。

陈:是的,喷喷香。

王:晶莹剔透,外加味道好,香得勿得了,黏性老足。上海人买粢饭的特别多,一个呢,粢饭可以包油条吃,包一根油条。后头花样透了,可以包芝麻,可以包肉松,可以包榨菜,还有包大头菜,包萝卜干,我觉得迭个呒没啥吃头

的。如果我吃粢饭就一样,只要摆油条,其他物事侪勿要的,辩能样子才吃出"本色"。阿拉是吃惯了"四大金刚"的,所以对迭个"四大金刚"是情有独钟,所以我也有请经营辩个方面的企业,能够以民意为重,好好叫生产好"四大金刚"。如果侬做得好,老百姓还是能够为侬点赞的,虽然讲是小本生意,但是大勿过小算,迭笔生意做得好,侬还是能够发财的。

老底子的冷饮

（以下嘉宾主持王汝刚简称"王"，嘉宾主持裔莎简称"裔"）

王： 周日《新闻坊》，"闲话上海"听我讲。

裔： 讲到天热吃物事我晓得，最主要就是吃冷饮、吃棒冰，辣个是我最欢喜的。凭良心讲，以我对王老师的了解，我晓得，王老师哪怕是大热天也要吃热茶的，王老师我倒想讲，难道介热的天，侬也从来勿吃冷的物事啊？

王： 迭个侬勿懂了，阿拉上海人有一句闲话，形容迭个人涵养功夫好，叫六月里穿丝绵棉袄。

裔： 六月里穿啥？

王： 穿丝绵棉袄，就是六月里还可以着棉袄，居然勿出汗，还觉着老适意。迭叫啥？青菜萝卜，各人欢喜。上海冷饮种类蛮多，首先最普通的，也是大家最欢迎的是棒冰。棒冰分为赤豆棒冰、绿豆棒冰、奶油棒冰、盐水棒冰。迭个棒冰种类蛮多的，但是老早价钿卖得蛮便宜，只卖四分洋钿。

裔： 四分洋钿啊，介便宜啊？

王： 还有人嫌四分洋钿的棒冰贵。因为还有比伊便宜的咪，三分一根。

裔： 啥物事啊？

王： 断棒冰。所谓的断棒冰，也就是在运输或者制作过程当中，棒冰出毛病了。有种是柄断了，有种是坏脱一部分，有种是当中断脱了，就是哪能样子的断法，哪能样的吃法。侬比方讲全部断脱，柄呒没了，葛末要摆在碗里吃，拿只碗候好，摆在里向头，侬拿纸头剥脱之后慢慢吃，最好拿把调羹可以凿凿吃吃，样子也蛮好的。迭个是一种吃法，葛末第二种吃法是啥呢？假使柄还有一点点，尽量捏牢柄，乃末开始嘬，还掉过头来吃。聪明人末得聪明，伊开始吃的辰光，拿辣张纸头包牢下头半截。下头半截是呒没柄的，索性呒没柄吃，还有一半有柄的，嘬。嘬到后头，迭个柄勿是长出来了嘛，反过来捏过来，而且人家看勿出的。"耶，侬阿是在吃断棒冰啊？""勿要瞎讲，我勿是蛮好啊！"样子还

来得好。

裔：哈哈，还要面子。

王：所以吃棒冰花样蛮透的。卖棒冰，有一种流动摊贩，伊有一个木头盒子，里向摆好棒冰，上头拿毛巾盖好，乃末拿块板敲敲："棒冰，光明牌棒冰。还有奶油棒冰，来买棒冰啊。"我迭个叫法，现在已经属于消失的声音了。其实伊手里辩块木头，也像棒冰一样，辩能长短，据说老早棒冰最早面世的辰光，勿是用木头敲的，是用棒冰敲的。表示啥呢？质量好，敲勿断的。"棒冰，赤豆棒冰、奶油棒冰"，辩能敲的。还有一种比较简单，是两只辩能高的保暖桶，也像热水瓶。热水瓶上头口子比较小，专门摆冷饮的保暖桶，口子比较大，5磅头的。一只里向好摆交关根，拎仔走街串巷。还有一种卖冷饮的是商店，商店是食品店，食品店有冰柜的，也有冰箱。

裔：辩个价钿就贵了。

王：价钿勿管的，还是辩个价钿，但是伊数量有限，卖脱仔就呒没了呀。走街串巷方便呀，侬弄堂里听到叫卖声，"哎！卖棒冰的"，棒冰的进来，钞票拨伊，拨侬棒冰。

裔：王老师我先问一声，侬自家最欢喜吃啥棒冰啊？

王：我欢喜吃赤豆棒冰。绿豆棒冰也蛮好吃的。迭个辰光绿豆棒冰要看运气的，赤豆棒冰、绿豆棒冰买的辰光，今朝假使讲买着迭根棒冰，上头有三分之一的赤豆或者绿豆，哦哟，一日天开心的。为啥道理，焐心呀，"哦哟，辩个小人运道好哦，一根棒冰，一样四分洋钿，半根侪是赤豆"。所以讲到棒冰，棒冰四分，比伊再高级一点，八分是雪糕。奶油雪糕，奶油雪糕里向头，加奶油、加奶粉、加巧克力，迭个味道比较好，要八分咪，要加一倍铜钿咪。

裔：葛末比雪糕再高级一点的是啥呢？

王：雪糕上去是冰砖。光明牌冰砖，辩能大小，好吃得勿得了。

裔：蓝色的纸头壳子，里向一张老薄的白颜色的纸头包着的。

王：辩张白色纸头，绝对是卫生的。

裔：还要舔舔伊咪。

王：小人吃仔要舔的，葛咾阿是舔惯的是哦，味道实在好勿过。有辰光一块冰砖勿舍得吃的，啥一个小人吃？！屋里向呒没介好的条件的，买得来辩能一块，要一开三或者一开四。条件好的一开两，对角开，三角。摆在碗里，有得好吃了。

裔：拿把调羹。

王：哦哟,挖法挖法。阿拉弄堂里向,我小辰光温课的辰光,小小班两个同学,馋得勿得了。一块冰砖,我搭伊拉数过的啦,好吃 45 分钟。

裔：真的假的? 老早就化脱了,最后再喝脱冰砖水,是哦?

王：但是我跟侬讲,伊呒没在吃,伊在馋阿拉旁边的人。

裔：哦,存心的。

王：因为迭个辰光吃到冰砖,辫家人家条件好得勿得了。

裔：葛末有没有再高级一点的?

王：再高级点赞咪! 后头出来的,只有上海独有的,在全国闻名的。有种人到仔上海就是要吃迭个物事,好品种,叫紫雪糕。紫雪糕我到现在还记得当时的价钿,两角两分一根,几乎是三根雪糕的价钿。

裔：是娃娃雪糕吗?

王：勿对的,是紫雪糕。迭个雪糕,像雪糕辫能大小,但是伊外头侪是巧克力,涂满巧克力的。然后外头用纸头盒子包装的,迭个是上海益民食品厂的拳头产品,叫紫雪糕。外地从来呒没哦,所以人家外地人到上海来,回去会讲:"我这次去了上海。""吃什么?""紫雪糕!"勿得了! 假使侬屋里来了客人,买一根紫雪糕招待,好得勿得了。

裔：真的啊? 葛末还有啥呢?

王：吃的物事多了。上海人的饮食是邪气丰富的,比方阿拉单讲冷饮,有一种叫刨冰。

裔：刨冰晓得的。

王：刨冰是以啥物事为原料呢? 也就是赤豆、绿豆或者水果配上水,拿冰摆在专门的工具里去刨,刨好之后在杯子里摆好糖水,摆好赤豆、绿豆或者各种果料,然后把冰刨进去,一根管子,一只调羹,凿一凿,凿碎脱之后吃。迭一杯物事,啥地方最多呢? 我脑子里一想,老早大世界对过。老早有爿馄饨店,叫沁园春。到仔热天咪,汤团、馄饨呒没人吃咪,太热了。葛末卖啥呢?

汽水

卖刨冰。店里闹猛得勿得了,走进走出,可以讲是你来我往、川流不息。真的吪没停的辰光。而且跑进去,里向有一股特殊的味道。

裔:什么味道?

王:消毒粉,一股消毒粉的味道。因为讲究卫生,卖刨冰的地方跑进去,板有迭股味道的。

裔:葛末除脱刨冰以外,还有啥和冰搭界的物事哦?

王:冰霜。所谓冰霜的"霜",大家侪晓得的。现在侬看看阿拉冰箱,有辰光积霜,"霜"是浑浊体,人家就根据迭个"霜"做文章了。也是拿冰,同样辩能制作,但是勿像刨冰。刨冰刨了之后还是晶莹剔透,还是看得出的。霜两样,是浑浊的,看上去白乎乎的,使人联想到长白山啊、东北啊、冰天雪地。当时辰光一看,嬿的。马上想到老阴凉的地方,所以迭个冰霜一出来,也销路好的。迭点侪要钞票买的,葛末勿出钞票的饮料有哦?也有的。

裔:勿出钞票的,屋里向哪能弄法子啊?

王:从一个包里向好拿出来的。

裔:包里向拿出来,啥物事?

王:侬当是变魔术哦?迭个辰光,上海人每到下半日,双职工家庭或者屋里有人在国有工厂工作的,回到屋里板是闹猛的。小人又多,养仔三个四个吪没啥稀奇的,看到爷娘回来围上去,翻伊爷只包,因为伊爷只包里有"宝货"。啥物事呢?单位里发的,一样叫盐汽水,一样叫酸梅汤。盐汽水搭酸梅汤,基本上辩两样物事是分开的:总归迭个礼拜吃盐汽水,下个礼拜吃酸梅汤。假使侬迭个厂里又有酸梅汤,又有盐汽水,说明侬迭个厂基本上属于"五百强"之类的。迭个是大厂家,两样物事一道有的。

上海人吃瓜轶事

（以下嘉宾主持王汝刚简称"王"，嘉宾主持刘晔简称"刘"）

王：周日《新闻坊》，"闲话上海"听我讲。讲到夏天的美食，有一样物事大家侪是欢喜的。

刘：哦，啥物事？

王：就是瓜和果。勿要两样物事侪讲，侪讲辰光也来勿及，阿拉只要讲讲瓜就好了，葛末我倒要问侬了，夏天的瓜侬记得啥？

刘：侬看现在的水果摊上好了，就一种瓜最多，西瓜。

王：对的，西瓜里向的品种也蛮多的，要分的，像 8424、解放瓜、早春二月，还有各种各样小型的迷你瓜，品种多得勿得了。

刘：介许多花头啊？

王：对，我小辰光西瓜品种没有介多。在印象当中主要分两大类，一个叫台湾瓜，一个叫解放瓜。所谓"台湾瓜"，皮色邪气黑，瓤是红的，籽是黑的。另外一种叫解放瓜，解放瓜大家比较多见的，像现在的 8424 差勿多，是翠绿的颜色，上头有深绿的条子。辫两种瓜的印象最深，因为勿大容易吃着的。老早吃瓜勿像现在介简单，要凭票的。

刘：哪能买法子呢？

王：用小菜卡去买的。小菜卡，一家人多少，一个人多少，要排队去买的。还有一种办法，要吃上西瓜，要屋里人生毛病，发寒热，要医生开证明。因为迭个西瓜有一个名称叫得好，叫"天然败火汤"。因为败火汤是中药当中的一道方子，退热功能比较好。

刘：因为小人生毛病药是勿肯吃的啦，但是西瓜肯定勿会拒绝的。

王：迭家人家买了一只瓜拿到屋里向，勿舍得当场吃的。

刘：葛末哪能办呢？

王：要等到夜里向一家门回转来，大人下班，小囡读书回到屋里向，吃好仔夜饭拿脱只瓜拿出来。葛末,在脱个之前脱只瓜放在啥地方呢?老早呒没冰箱的,放在啥地方呢?一个有井,氽在井里向,家家人家的西瓜侪氽在里向。诶,稀奇也蛮稀奇,瓜呢看上去差勿多,搞错倒勿大有的。因为摆下去的器皿两样的,比方我脱只瓜是放在铅桶里氽下去的,伊是绳子扎好的,伊嘛摆在一只篮头里,所以不勿会搞错的。还有一个,呒没井哪能办呢?自己屋里向放一铅桶水,拿脱只西瓜氽在铅桶里,也让伊"冰镇",效果当然呒没摆在井里好,但是聊胜于无,总归稍微好一点,所以吃西瓜是桩大事体。等到夜里头吃西瓜,一只瓜一开,可以讲整幢房子侪闻得出来。

井水冰西瓜

铅桶西瓜

刘:是的,我记得小辰光,屋里向只要一开西瓜,如果侬能够拿着脱能半只哦,哦哟,迭个辰光拿把调羹,捧着,就脱能直接挖着吃的。挖着吃还勿过瘾,挖好之后水勿是侪在西瓜里向吗,还捧起只西瓜在埃面喝西瓜水。

王:诶,从迭个情景一描绘,大家侪晓得了,侬一定是独养囡儿,或者屋里比较欢喜,居然一家头好吃半只西瓜。在小人多的人家勿可能有脱能的情景的,脱只西瓜切开,阿大一块,阿二一块,分得清清爽爽的。每个小人两块,摆在面前吃脱仔勿好吃别人的,还有啥倒西瓜水,谈也勿要谈,啃西瓜皮,所以上海人总是讲笑话,"脱只龅牙吃西瓜便当"。

刘:啃出来的。

王:侪是啃出来的,脱个是讲笑话。说明迭个辰光西瓜是老紧张的,供应紧张,勿是天天吃得着的。

刘:葛末王老师,脱只西瓜好像浑身是宝。

王:西瓜买到屋里,真的当伊宝贝"供"起来的。首先要吃西瓜,拿肉吃脱,挨下来是皮,要处理迭个皮。辨个皮哪能吃法呢?稍为拿里向头的肉刮刮清爽,拿外头的青皮去脱一点,然后腌酱瓜,腌西瓜皮,西瓜皮腌好之后蘸酱油吃,蛮好吃的。

刘:变酱菜喽。

王:像拌黄瓜一样。还有瓜籽也勿舍得放弃,辨两粒瓜籽晒晒炒来吃,浑身是宝,吭没一点浪费的。乃末西瓜还有一种吃法,侬大概看也没看见,听也没听过,叫"堂吃"。啥叫"堂吃"呢?因为当时供应紧张,瓜是好瓜,迭个瓜籽要派用场。据说,还要回到农科院去培养好的西瓜。特别是好的西瓜,籽也是老珍贵的。葛末哪能呢?堂吃。所谓"堂吃"就是蹲在店堂间吃,勿好带转去的。葛末在啥地方吃呢?比方讲大世界附近有几家,老早是卖老酒的,热天呢,老酒生意比较清淡,葛末就卖西瓜了。卖西瓜的辰光,大家排队排在外头,排是排得老长。排到侬咪,半只西瓜,一个人买半只西瓜,迭个半只西瓜秤好,交拨侬。侬坐到里向去吃,顶关键一点,侬吃下来的瓜籽,勿好带转去的,要吐在台子上,台子上有一只搪瓷的盘,吐在辨只盘里向,迭个将来要派用场的。我上趟看到,有个人小便实在急了,吃了一半之后,嘴巴里也讲勿清爽,呜噜呜噜哦,意思我去小便哦,立起来跑咪,到厕所间去了。人家服务员又勿晓得的,当伊跑脱了,拿伊半只西瓜收脱了。后头的人一看呢,收脱嘛就坐下去了。后头的人吃了,辨个老兄小便小好出来一看,耶?辨只位子吭没了嘛,位子吭没倒勿要紧,半只西瓜吭没了,辨半只西瓜还有一点好吃的呀,辨只西瓜皮还好刮的呀。"我只西瓜呢?""咦?勿是侬勿要吃了?我搭侬收脱了。""啥人讲的?我去小便去的呀。""葛末侬讲讲清爽呀!""我勿是搭侬讲了嘛?"嘴巴里含仔西瓜讲勿清爽,乃末发生矛盾了,所以讲迭也是蛮有趣的。

刘:讲了介许多侪跟西瓜搭界哦,除脱西瓜,还有其他的瓜哦?

王:哦,夏令的瓜是多咪,我顶顶欢喜吃的叫菜瓜。现在辨只菜瓜哪能看勿见的啦,迭个菜瓜,辨能大小,菜瓜是颜色的,吭没味道,但是相当脆。上海人叫菜

堂吃西瓜

瓜,也可以讲脆瓜,吃起来脆得勿得了。另外呢,阿拉浦东三林塘还有浜瓜,浜瓜产量比较少,而且运输的辰光勿容易,侬勿去碰伊伊也会爆的。由于运输勿大方便,所以辩种品种比较少。还有是甜瓜,上海的甜瓜最出名:黄金瓜。辩只黄金瓜叫"十条筋",侬去看辩只瓜勿大,上头侬去数好了,有十条筋。辩只黄金瓜,上海人来得欢喜,欢喜到啥程度?平常日常生活当中开玩笑,也拿黄金瓜开的。"哦哟,辩个赤佬只头生得小咪,像只黄金瓜",所以交关人绰号叫"黄金瓜",就是辩能来的。我估计上海叫"黄金瓜"绰号的人,至少有得两万个以上,"辩只小头黄金瓜"。所以上海人欢喜吃黄金瓜。还有嘛白瓜,阿拉上海人以前勿叫白瓜,叫生梨瓜。为啥叫生梨瓜?我考虑了半天,大概是因为形象问题,当时的白瓜勿像现在滴溜滚圆,伊上头尖,下头大,是锥形的,跟生梨一样。

刘:反正名字是越起越好听了,对哦?

王:诶,伊丽莎白啦,哦哟花样经越来越多。也说明一点,阿拉现在的吃福比较好。依看,上海地区在夏天,从前辰光想也勿好想的,现在夏天居然有哈密瓜好吃。我相信以后辩种稀奇古怪的瓜,各种各样的美食会得越来越多的。阿拉夏天的台子上,吃的物事更加多了。

刘:对的,口福会越来越好。

开春时鲜货:笋篇

(以下嘉宾主持王汝刚简称"王",嘉宾主持刘晔简称"刘",菜贩简称"菜",点心店老板娘简称"老",饭店服务员简称"服")

王:周日《新闻坊》,"闲话上海"听我讲。像迭个季节,在交关地方能够看到竹笋。比方讲菜场、饭店、点心店侪有的。辫能啊,我带侬看看竹笋好哦?

刘:好的。

王:先到小菜场。

刘:好的,走。

刘:王老师,侬看辫搭笋有交关喏。

王:笋阿是蛮多啊,刘晔我考考侬了。如果侬来买笋,侬是拣哪一种笋?

刘:我拣辫种,比较大。

菜:辫种要过年前头吃的。

王:冬笋。

菜:现在吃辫种最好。

王:春笋。迭个是啥地方出的?

菜:迭是浙江的,浙江富阳笋是最出名的。

王:浙江富阳笋。

菜:富阳笋是黄泥笋,好吃点。

王:黄泥笋。葛末,还有一种壳比较深的是啥地方的?

菜:深的,因为泥土勿一样。伊辫块泥土种出来的跟伊

浙江春笋

块泥土种出来的笋,颜色就有点两样。

王:迭两日是勿是笋最多的辰光?

菜:辣抢三月份四月份,是吃竹笋的辰光,是最好吃的辰光。

刘:就正好辣两天,葛末辣个辰光买是有道理的。

菜:烧腌笃鲜,烧油焖笋,侪是用辣种笋烧的。

王:侬上海闲话讲得老好的,烧腌笃鲜,烧油焖笋,烧得很灵哦。

王:辣个竹笋可以做菜,而且还好做点心。

刘:做点心,哪能吃法子呢?

王:阿是侬勿懂了啊。有一种点心,只有辣种季节才会有的。伊是用竹笋做馅的,啥物事晓得哦?巧了,迭家人家做迭种点心做得好,阿拉进去看看。

刘:好的。

王:伊用竹笋做馅料,馋得勿得了。

刘:王老师,辣个是在做啥?

王:辣个就是在做点心。

刘:辣个做点心啊?拿笋刨成辣能,哪能做法子呢?

王:我搭侬讲,迭个就是阿拉上海的一道名点,叫下沙烧卖。当然喽,辣个是第一道工序,下头工序老多的,侬看。

刘:里向汤汁老浓的,勿注意要烫一口的。

做烧卖

王:侬觉得味道哪能啊?

刘:王老师,辣个里向笋、肉侪老分明的,而且有了笋之后老鲜的。王老师,吃吃开心的呀。辣个为啥要叫烧卖呢?辣个我一直搞勿清爽啥道理。

王:是迭能的,下沙迭个地方,在古代的辰光是靠近海边的。因为海边有倭寇,也就是海盗。海盗经常到岸上来搭老百姓捣蛋,无恶勿作,乃末老百姓恨得勿得了,要求朝廷派官员来打击倭寇,有一趟把倭寇打败之后,老百姓感激朝廷的官员搭仔士兵,葛末用啥去慰劳伊拉呢?有种人讲了,辣能样子,阿

· 17 ·

谈谈身边事,回到老辰光

烧卖

拉浦东有的是点心,一个是做馄饨,一个是做汤团。有个人特别聪明,伊讲馄饨、汤团经常吃的,阿拉动动脑筋看,弄一样啥好物事,难板吃着的。于是,就做了辩能一样物事。馄饨勿像馄饨,包子勿像包子,饺子勿像饺子,就摆在蒸笼上一蒸,香气四溢,送拨官兵吃。官兵一吃,开心得勿得了,但是呒没名字的呀。发明的人也蛮聪明的,一看介受欢迎,索性开店了。人家都问伊了,"老板,侬的点心物事倒是嬿的,名称却没有,阿拉哪能叫出去呢?"这老板一看,"啥人讲没名称啊?""辩个侬讲叫啥名称啦?"辩个老板一看,一面在烧,一面排队在卖。伊随口一讲,"有了,这个点心叫烧卖。烧卖,一面烧一面卖,烧卖"。结果"烧卖"迭个名称就流传下去了。辩能样子好吗? 迭两只烧卖吃脱,阿拉到饭店里去看看。

服:油焖笋来了。
王:太好了。
服:请慢用。
王:谢谢。迭只油焖竹笋烧得蛮到位的。首先一点,浓油赤酱,本帮特色。伊是甜咸口味比较适中,比较清淡,吃到嘴巴里有一股香味的。最关键的一点,烧油焖笋有一个犯忌的,交关人家烧好迭个油焖笋之后,似乎为了颜色好看或者增加一些香味,上面去撒一把葱,迭个是犯忌的。为啥?因为竹笋是生长于山野的,伊有得天然的香味道。比如讲竹子的叶子,竹叶可以泡茶喝的,伊有自然的香味,但是侬放了葱之后,葱就把这自然的香味冲脱。因此侬迭个油焖竹笋,有了葱香的味道,就勿符合标准了。

服:两位,腌笃鲜。
刘:辩只是大菜,王老师。阿拉刚刚前面在讲笋老鲜,吃了辩个腌笃鲜之

后,觉得更加鲜了。

王：腌笃鲜一定要摆笋,笋摆在里向头,对于整个一锅腌笃鲜起了老好的调味作用。也就是讲,如果没有竹笋的话,也勿存在叫腌笃鲜了。

刘：哦,所以辬个鲜,当中老重要的就是因为辬个笋的关系。

王：所以原材料是非常重要的。因为阿拉中国是个农耕社会,每逢到冬天,老百姓屋里丰收了,到过年快呢,猪猡养大了,然后把猪杀脱。迭个辰光呒没冰箱的呀,哪能办呢?要自己原始加工。也就是讲,把鲜肉加工成咸肉。吃了一个冬天下来,到仔春天了,多吃也吭没味道了。笋出来了,于是有人灵机一动,就把咸的肉配上鲜肉,然后摆上笋之后,拿伊烧了一只菜,叫腌笃鲜。辬个菜只有本帮菜有,其他派系的菜里向是呒没的。里向还好摆百叶,有种摆油豆腐等等。

刘：今朝孅的。王老师带我吃了介许多好的,侪是跟竹笋搭界的。鲜得勿得了,王老师,除脱今朝阿拉吃的辬点,还有哦?

王：侬讲竹笋的菜肴啊?其实有道"菜",侬小辰光一直吃的,忘记脱啦?

刘：啥菜啊?

王：是㑚爸"烧"的,哦,也用勿着烧的。侬要吃,我现在也好拨侬。

刘：哦,真的啊?王老师,啥菜?

王：哦哟,老简单的,竹笋"拷"肉。

开春时鲜货:河鲜篇

(以下嘉宾主持王汝刚简称"王",嘉宾主持刘晔简称"刘",画家刘亨简称"亨",水产教授王金秋简称"金",服务员简称"服")

王:周日《新闻坊》,"闲话上海"听我讲。

刘:王老师,今朝侬带我来的地方,真的是嗲得勿得了。侬看,今朝天气介好,还有辣个芦苇荡,还有辣个河浜,嗲得勿得了。

王:时鲜货河浜里倒是也有的。葛末辣能样子,今朝既然侬来了,我岁数比侬大,我牺牲我自家,我抓点物事拨侬吃吃。侬胆子大点,侬尽管讲要吃啥物事。

刘:王老师既然开口了,我一定要拣一只我最欢喜吃的。王老师侬确定哦?

王:胆子大点。

刘:螺蛳!

王:小姑娘做人家朋友,侬欢喜吃螺蛳。我今朝横竖横了,我今朝衣裳脱脱下去摸螺蛳拨侬吃。

刘:哦,算了。王老师,阿拉简单一点,就买一点就好了。

王:侬勿懂了哦。从前上海人做人家勿过,迭个螺蛳是勿买的。特别是住在郊区的人,侪是河浜呀,只要下去撩撩好了,只要去摸摸好了。阿拉小辰光侪摸过螺蛳的,不过像我现在的年纪再去摸螺蛳是勿像样了。不过想起从前辰光摸螺蛳,也是一种乐趣。侬想一条河浜里头侪是七八岁十几岁的小囡,大家侪是赤膊,在河浜里向又白相水,又摸螺蛳。螺蛳迭样物事,一歇歇好撩一淘箩了,一歇歇好撩一面盆了。因为迭个辰光荤菜少,迭个螺蛳可以抵荤菜吃的。辣能样子好了,阿拉去弄眼吃吃好哦?

刘:好的。

王:走。

刘:王老师,辣个就是螺蛳了。

摸螺蛳

烧螺蛳

王：对,侬阿是最欢喜吃啊?迭两只螺蛳侬看,呒没闲话讲喽,獎了勿得了。螺蛳,从迭个壳可以看出好还是坏。有一种是青壳螺蛳,有一种是黄壳螺蛳。以啥个为标准呢?啥个壳比较好呢?青壳螺蛳。青壳螺蛳说明啥呢?伊生长环境比较好。

刘：旁边迭个是啥物事啊?

王：迭个依比较少见了。以前迭个特别多,迭个对上海人来讲也是一个时鲜货,叫黄蚬。迭个吃法有多种。第一种可以炒来吃,还有一种烧豆腐,可以拿伊烧熟以后剥开来,拿肉挑出来,迭个肉烧豆腐是相当好吃的。迭个完全是像小版的蛤蜊,但是侬要晓得,如果迭个水污染,环境勿好,黄蚬是很难生存的。如果看到迭个河浜里有黄蚬生存,迭个环境是勿错的。所以,迭个也是阿拉春天的时鲜菜,侬想吃哦?

刘：想吃的呀。

王：蛮好。服务员,来来来。侬好,麻烦侬,我要烧只菜。也就是拿迭个黄蚬烧只汤,迭个汤里向,一勢放油,二勢放葱,三勢放姜,四勢放酒。哪能呢?水开了之后拿黄蚬摆进去,烧到开口了,拿起来,连姜都勢摆的,啥个物事侪勢摆,然后侬拿到我台子上米。拿两样物事,一个盐,一个胡椒粉。两样物事就可以了,好哦?

服：好的。

王：黄蚬汤来了。

刘：王老师,真的是清汤寡水,只有黄蚬。

王：侬看,我叫侬吃就是清汤寡水。呒没油,呒没盐,呒没葱,呒没姜。

刘：啥物事也呒没摆。

王：迭个咸淡自己调的,板定好吃。

刘：纯粹的鲜味道,第一趟吃哦。

王：迭个是最天然的。

刘：真的是,迭个真的叫天然。

王：侬欢喜吃的螺蛳来了。来,辣趟我勿客气了,大家一道吃。因为侬欢喜吃,我也欢喜吃的。

刘：谢谢王老师,侬嘲起来老老鬼的嘛!

王：侬听我讲,从前我在插队落户的辰光,吪没啥物事吃。有一趟知识青年集会,大家有七八个人蹲了一道,吪没啥吃喽。大家想了一想,到河浜里去捞螺蛳了,捞好螺蛳炒螺蛳,螺蛳炒好,门关好,大家准备吃螺蛳了。有一个人思想特别敏感,走过阿拉知识青年点门口,只听里面一片声音,"嗫、嗫、嗫……"伊又勿晓得阿拉在嗫螺蛳喽,马上去报告民兵大队长,伊讲:"勿得了,这些男男女女在一起,嗫、嗫、嗫……"还以为阿拉做坏事体哉。结果人家民兵真的来了,拿门一推,一看,侪在吃螺蛳。

刘：搭螺蛳在嗫嗫嗫!

王：辣个螺蛳哪能?

刘：辣个螺蛳真的鲜。王老师,我还记得侬刚刚前头讲的,除脱辣个螺蛳,还有交关鲜的物事好吃对哦?

王：对的。阿拉勿是讲到四鳃鲈鱼吗?想看鲈鱼对哦?走,看四鳃鲈鱼去。

王：名画家刘亨老师,刘老师侬好。

亨：侬好。王老师,今朝哪能㑚两位到松江来了?

王：刘亨老师,迭个小妹妹春天嘴巴馋了,伊在寻春天时鲜货。伊要看阿拉松江的四鳃鲈鱼。

亨：正好今朝我在画,巧吧?因为迭个天气就是画辣个鱼,也是吃辣个鱼的辰光。

刘：刘老师,辣个四鳃鲈鱼在画纸上,我是第一趟看到。

王：我听说有只民间故事。有一趟天上的仙人吕洞宾,到饭店吃河鲜去了,结果人家搭伊端上来一盆鱼。吃的辰光觉着也吪没啥好吃,伊就讲我来加工一下,然后伊拿支笔就在鲈鱼的两边,各加了一只腮,就加了两笔,本来两只腮,变成四只腮了。结果养出来的鱼,鲜得勿得了。迭样一加对了,四鳃鲈鱼

伊的特征老分明的,迭个两笔好像是神来之笔。画得好,像活的一样。

亨:我带侬去看真的鱼。

亨:人家讲我鲈鱼画得像。真正的鲈鱼在辩个地方,迭个是鲈鱼的"别墅区"。

王:介大啊!

亨:豪宅。

王:迭位是?

亨:"鲈鱼妈妈"王金秋教授。

王:侬好。

金:欢迎欢迎。

王:迭个就是鲈鱼的别墅啊?有多少鲈鱼在里向?

金:我们每年这里大概有几万尾的产量。这个是模拟河流式的养殖系统,像河流一样的。

王:上海松江四鳃鲈鱼养的辰光,喂食的辰光侪要讲上海话,"来,多吃一点,长得快点啊",鱼听了上海话呢长得快。因为四鳃鲈鱼的名气实在太大了,我听见过,在 1972 年的辰光,尼克松总统到上海来。周总理开了菜单,国宴上的菜每只侪看过,其中有一只松江四腮鲈鱼,结果尼克松吃了辩个四腮鲈鱼,大加赞赏,回去逢人就讲迭个四腮鲈鱼味道好。后来英国女王访华的辰光,她就提出来,我别样呒没啥的,有一条鱼板要吃的。人家问伊啥个鱼?因为伊只晓得尼克松讲过迭条鱼,所以脱口而出,要吃"尼克松鱼"。乃末上海外事部门去寻了,迭个"尼克松鱼"是啥个鱼?后来考证之后就是四腮鲈鱼。辩个一年晓得伊要来了,曾经派了很多人到河浜里去捉辩个四腮鲈鱼,叫啥一条也呒没捉着。遗憾就遗憾,英国女王到现在为止还吃勿着辩条鱼。

刘:王老师,今朝一天我觉得侪老开心的。但最后我也有点遗憾。

王:啥遗憾?

刘:迭个四腮鲈鱼呒没吃着呀。

王:我觉得还是留点遗憾好,世界上的美味多得是,勒侪去吃。阿拉就留点遐想,留点美好的空间。今朝话题就到此地。下个礼拜天夜到,"闲话上海"搭侬再会。

开春时鲜货:糕团篇

(以下嘉宾主持王汝刚简称"王",嘉宾主持裔莎简称"裔",宁波糕团毛师傅简称"毛",杏花楼点心师章师傅简称"章")

王:周日《新闻坊》,"闲话上海"听我讲。
裔:王老师,前两期的节目我侪看过了呀,看得来真是涎唾水淌淌滴啦。
王:馋死了。
裔:介许多好吃的物事,葛咾我今朝一定要来。
王:所以春天吃的物事特别多,河浜里游的、岸上种的,好吃的物事多咪,侬用勿着羡慕人家的呀,今朝也有好机会,像满桌酒水一样,吃到后头板吃啥啦?
裔:甜品或者点心呀!
王:对啊,阿拉上海人的点心也有交关讲究,特别是春天的点心,啊哟名堂交关多。首先搭侬讲讲青团,再搭侬讲讲……哦,勿讲咪,还是侬自己去看哦!
裔:好好,阿拉快点去看看。

裔:哎,王老师侬带我到菜场来做啥,勿是寻糕团吗?
王:侬勿是要吃春天的糕团嘛,我搭侬讲,有句闲话讲得好叫"高手在民间"。侬比方讲,迭位师傅其貌勿扬,但却是做糕团的好手。侬看,介许多的品种,侬叫我介绍我也介绍勿过来了。哎,毛师傅,侬好侬好!
毛:侬好侬好!
王:物事交关多了,货样交关多了。
毛:货样侪自家做的啦。
王:自家做的阿是啊? 小娘勿懂哦,侬搭我介绍介绍。辫个是年糕,辫个是?

毛: 年糕是山北慈溪年糕。搿个是松糕。

裔: 王老师,我有一样物事真的从来呒没看到过。

毛: 哦,香葱年糕。

王: 叫香葱年糕,搿只物事呢,以前上海蛮多的,现在看见蛮少。搿只年糕其实邪气好吃,侬买回去油里煎一煎。

裔: 伊搿个样子就像是排骨年糕里向的年糕的样子。

王: 搿个是比排骨年糕还要好吃。

毛: 排骨年糕里的年糕呒没葱的,搿个有葱的。

王: 喏,搿个赤豆糕,搿个糖年糕,侬勿要看伊,民间是有高手的,摆了搿点点蜜饯啦,拨阿拉一个信息,春天的信息,桃红柳绿。

裔: 外加心情看了也老好的。

慈溪年糕

王: 搿个物事看见过哦啦?上海人叫瘪嘴团。伊勿同于年糕,也勿同于平常做的圆子,搿个一般是下咸的吃,假使侬屋里向有排骨汤,摆点搿个下去,再摆一把鸡毛菜,搿个味道鲜得勿得了。

裔: 啊呀,我饭也呒没吃,现在饿死了。

王: 喏喏喏,搿只侬晓得哦?酒酿饼。毛师傅,我勿是捧侬场啦,侬搿搭物事侪蛮好,我顶欣赏侬一样了,侬搿只酒酿做得好,搿只浆板做得好!

毛: 哦,谢谢侬夸奖。

王: 我现在吃的酒酿真的呒没吃着好的,侪要掺水的,伊不掺水的,原汁的真的是老少的。搿个是?

毛: 搿个是青饼,上海人讲艾蓬做的青团。

王: 艾草,让阿拉看看咪。端午节的辰光,艾草要长大了,人家挂在门口头的,阿是搿个物事啦?

毛: 没错没错。

王: 搿个里向馅子是啥啦?

毛: 搿个实心哦,搿个里向有馅子哦,有咸菜、冬笋、肉丝,搿个里向是豆沙的。

裔：葛末王老师，阿拉晓得到清明节侪要吃青团，到底是为啥呢？有啥讲究呢？

王：青团派啥用场呢？从前辰光，到清明节要上祖坟，要拿艾蓬做的青团去供的。乃末，老祖宗"吃"好之后带转来，有一个规矩，板要在自己灶头前头摆一摆，然后最好是回一回锅，蒸蒸再自己吃。有辰光小人勿晓得，供仔老祖宗还没带转去了，要紧勿煞拿着吃了，乃末人家骂伊咪："哦哟，㸚个小人啦，吃老祖宗的，没出息。"

裔：哦，是㸚能样子来的。

王：所以老祖宗供过的物事，一定要拿转来回一回自己再吃。吃青团历史老悠久的，而且伊做得比较朴实，一定要最传统的物事：糯米粉是传统的物事，艾蓬是传统的物事。但是，现在艾蓬比较少啊，所以现在想出来用小麦。小麦现在刚刚长得旺盛的辰光，小麦的叶子割下来，绞成汁，就是用麦青汁来做。

青团

毛：㸚个就麦青汁做的呀，大麦、小麦的叶子打成汁，做的就㸚个颜色。乃末艾草做的呢，颜色就黑黝黝的，草摆得少一点就绿一点，草摆得多汁水多了就黑了。

裔：讲到青团啊，勿单单是民间有高手，阿拉晓得现在有交关网红青团。

王：最近有两只网红青团，做出来样子、味道、构思侬平常想也想勿着！

裔：葛末，阿拉快点去看看好哦啦？

上海老味道

王：哎，章师傅，侬好侬好！

章：王老师，老朋友了，侬今朝哪能来了啦？

王：喏，晓得倷挦只青团走红了，外头排队排得长了勿得了。乃末阿拉小妹妹搭我讲，青团有啥稀奇，我也会得做的。我讲侬也勿要"看人挑担不吃力"，所以阿拉来讨教讨教挦只青团为啥走红？哪能会得想出做挦能一只馅子的青团啊？

章：挦只青团讲起来呢，倒真的有只小故事咪。老早子阿拉学生意，三年要满师的，当时辰光正好三月份，要做青团。老师傅搭我讲，要我弄只品种，既要带甜，又要带咸，是勿是好试一试？葛末我就试啊试啊试，勿瞒侬讲，真的老早试过交关趣咪，萝卜干毛豆子也包过，别的啥物事也包过，师傅看了勿满意啦。

王：不过侬啊，还是脑子好的，其实叫我想想便当来西，师傅叫我做只团子既要甜，又要咸，葛末摆点盐、摆点糖就可以了嘛。

章：哈哈，没没没。后头我主要还是受肉松面包搭粽子的启发，我想到挦点。

王：我懂了。挦个粽子里向有蛋黄啊，有肉松啊，伊拿迭个物事老巧妙地移到青团里去。侬勿要看一只小小青团，花头老透的。比方讲糯米，糯米品种也老多的，有圆糯有粳糯有长糯，糯米品种也勿同的；再讲迭个咸蛋搭仔肉松，迭个肉松我问问侬看，侬晓得伊是太仓肉松，还是福建肉松，还是台湾肉松，里向比例多少侬也勿晓得的，对哦？还有咸蛋黄了，挦只是扬州的咸蛋，还是高邮的咸蛋？

章：挦个是商业机密了。

王：阿拉上海人啦，过去在春天吃团子吃糕是有风俗习惯的，糕吃仔高高兴兴，团子吃仔团团圆圆，馒头吃仔呢，兴旺发达。所以侪送馒头糕的，唯独有一个节日勿送，就是清明。挦个清明的青团主要是供老祖宗的，过去啥人家拎仔两只青团去望亲眷，要拨人家乿出来的。现在好了，倷挦只青团一问世之后，挦两年侬走亲眷，侬拎仔八只网红青团到亲眷屋里向去，非但勿会被乿出去，外加来得受欢迎。我希望倷勿断地创新，将来有更好的产品。因为人啦，挦只嘴巴越吃越刁，过个一年、两年，可能又要淘汰了，也可能留下来。总之，阿拉希望勿断有好的新的口味推出来，侬动动脑筋，春天的马兰头啊、草头啊、黄泥螺啊，哦，黄泥螺也加进来了！总而言之，侬想得到，侪可以加进去，勿断

· 27 ·

谈谈身边事,回到老辰光

地满足阿拉市民的口福,再次感谢侬哦!辛苦辛苦!

章：谢谢王老师。

王：勿瞒侬讲,我也要下头去排队去咾。

裔：王老师,今朝真的邪气开心,没想到介小的团子,勿管是菜场里的师傅,还是讲有品牌的杏花楼,介大的学问哦,开眼界!

王：所以讲,勿管是大雅之堂,或者是民间制作,其实侪有自己的学问的。我觉得辣点物事能够传承下来,几点很重要:第一点是匠心独运,人家呒没想到的,侬要想到,人家想到了,侬要做得更加好;第二呢,用心制作,侬勿要看小小一只点心,用心去做一定做得好;第三点呢,传承创新,只有在传统的手法上加以提高,加以创意,葛末辣只物事才会生生不息,传承下去。

上海老底子

乘风凉往事

(以下嘉宾主持王汝刚简称"王",嘉宾主持裔莎简称"裔")

王:周日《新闻坊》,"闲话上海"听我讲。

裔:王老师,凭良心讲,我真的是老怕热的,特别是生好小人以后,更加怕热,屋里向我必须要开空调的啦。

王:辟个倒是的。假使真的热呢,我也教侬一个办法。

裔:啥办法啊?

王:侬索性抱仔小囡到弄堂里,去乘乘风凉。上海人过热天的辰光,必然要乘风凉。乘风凉的地方蛮多的,有种是在弄堂口,有种在大门口,有种在天井里,有种在阳台上,有种在屋头顶上,总之比较宽敞的地方,侪好乘风凉的。侬勿要看乘风凉,上海人的乘风凉有讲究的,有几样物事必备的。

裔:侬意思讲,乘风凉有"标配"的喽,啥物事啊?

王:对。喏,第一,一把椅子;第二,一把扇子;第三,一只杯子;第四是一张巧嘴。

裔:最主要辟点"标配"派啥用场呢?

王:哦,辟个侪有大用场哦。第一,要寻一把好的椅子,辟个椅子坐得勿

扇风

谈谈身边事,回到老辰光

适意,侬乘风凉没劲。顶好是啥物事? 竹椅。竹椅哪能为上品呢? 就是辩个竹椅要坐的年数多了。迭个颜色,原来竹头是碧碧绿的喽,绿的褪掉,黄的也褪掉,坐得变成紫红色的,看上去像红木一样的,迭个是"老货"。迭个老货居然勿摇勿动还好坐,迭个是好的。基本上辩能一把竹椅的"年龄",基本上在30年以上。辩种椅子孍哦,辩种椅子坐上去自然凉,瀴笃笃的。因为天热勿过呀,上海侬去看,热到后来台子矮凳侪会烫的,辩张竹椅居然会得冰瀴的,迭个是一把好的椅子。第二呢,一把扇子。迭把扇子至关重要,辩把扇子实际上并勿是扇风的,有种是摆摆卖相的。有句话叫"心静自然凉"啊,"扇子扇凉风,扇夏勿扇冬,有人问我借,过了八月中"。

裔:哈哈。

王:迭个扇子是一种派头。真的吭没风的辰光,稍为扇两扇,心静自然凉,觉得老适意。乃末质地蛮多的,有竹头的,有黄丝草的,有种拿鹅毛扇,一看就蛮有学问的;有种拿纸头扇,纸头扇上,一面是名人的字,反过来是名人的画,辩个是吃价得勿得了,用呢勿舍得用,拿在手里摆摆卖相的。扇法也有道理的,叫"文胸武肚僧道领"。

裔:啥意思?

王:"文胸",侬看有学问的人。文胸,辩个扇在此地(扇胸口)的,纸扇轻摇,辩个叫文胸。"武肚",辩个人是粗鲁的人,武汉子。武肚,辩个肚子顶怕热了(扇肚子),所以摇扇子的辰光是迭能的喏。

裔:哈哈,五大三粗。

王:"僧道领",啥意思呢? 就是和尚道士,因为他穿的衣裳领口比较大,他扇的辰光扇领口的,迭个风侪好进去的,所以叫"文胸武肚僧道领"。

裔:介多讲究哦。

王:第三个呢,上海人乘风凉的讲究,叫"一只杯子"。侬勿要看辩只杯子,辩只杯子的饮料千变万化,上海人生活的经验和防暑的办法,侪在里向头。比方讲,天然败火汤。啥物事呢? 西瓜汁。西瓜榨好汁摆在杯子里,辩个是考究了,老早一般人家吃勿大起,现在倒是吃的人比较多了,就是西瓜汁。

裔:埃个辰光还没啥榨汁机了呀。

王:诶。然后啥物事呢? 红茶、绿茶、大麦茶,还有自己家里做的甘草,甘草煎汤,凉好,喝的辰光老瀴,老适意的。

裔:是勿是还有啥绿豆汤、百合汤?

小人听老人讲故事

王：侪可以摆在辩只杯子里的,所以杯子交关重要。

裔：葛末第四样,"一张巧嘴"是啥意思呢?

王：巧嘴是讲嘴巴。就是侬看咪,在乘风凉的辰光,大家不由自主地会人以群分。一堆堆分开来的,大人搭大人蹲在一道,小人搭小人蹲在一道。其中,小朋友顶欢喜听老人讲故事。老人会得讲,讲到后来讲鬼故事,讲到后来越讲越怕,讲得汗毛侪竖起来,出一身冷汗倒也蛮适意的,汗出脱以后,人风凉了呀。

裔：适意了。

王：乃末阿姨妈妈蹲在一道,欢喜张家长,李家短,辩种阿姨妈妈预测老好。

"哎哟,今朝伊拉媳妇来,迭个媳妇将来板养儿子。"

"侬哪能晓得啊?"

"侬看勿出啊?辩个媳妇下半身老大的,辩种身材容易生儿子。"

"某人家媳妇勿灵的。"

"侬哪能晓得伊勿灵?"

"买物事也买勿来。今朝上门来,送来一大包的脆麻花。辩家人家老头子老太婆,牙齿也咇没,吃啥脆麻花,勿会做人家的。"

裔：哈哈,勿用心。

王：好坏侪在里向了。男人家蹲在一道呢讲国家大事,迭个辰光就开始讲国家大事了。

"哪能,听说讲要加工资了。啥个辰光加啊?加几钿啊?"

谈谈身边事，回到老辰光

阿姨妈妈一道乘风凉

"我算下来，自己算过了，一个号头好加三块五角。侬呢？"

裔：挌个还要悄悄地讲，勿好给老婆听到呢。

王："我可以加五块"，迭个辰光加起来就是三块五块的，勿会老多的。男人有男人的话，女人有女人的话。

裔：葛王老师我倒问问侬来，侬老早乘过风凉哦？

王：我乘风凉哦。

裔：王老师，葛侬老早住在啥地方呢？

王：我曾经住过的地方多了，虹口，还住过黄浦区的金陵路。

裔：我也住金陵路的，真的啊？侬住在什么附近？

王：我住在盛泽路埃面。

裔：我就住在浙江路挌搭块。

王：老近的。

裔：葛老近个。埃辰光阿拉就是石库门房子呀，葛埃个辰光侬是勿是经常就蹲在伊面乘风凉啊？

王：啊哟，迭个地方乘风凉的地方多了，侬去看两位老先生，两位老先生乘风凉是真会乘，他们侪过着绿色环保的生活。比方早上起来散步，走法走法，走到啥地方呢？走到市工人文化宫。北海路挌面，挌面呢有穿堂风，啥叫穿堂风呢？就是两幢高房子的当中，太阳晒勿进来的，但是风会进来的，挌种地方蛮多的。还有屋里的石库门房子，进门之后，前门和后门一开，风对穿的，也叫穿堂风，迭个风是老风凉的。

裔：自然清凉。

上海老底子

老爷叔乘风凉

王：现在生活水平提高了,基本上家家人家屋里侪有空调,用电风扇的人家也勿太多了。侪是空调就勿出来了,就算外头花园老大,情愿勿出来,蹲在屋里伏空调。空调"伏"的时间一长呢,出毛病了,头颈着凉了,手伸勿起来了,颈椎病,所以想想,还是老早乘风凉倒也有好处的,迭个辰光呒没介许多毛病的呀,外头乘乘风凉,开心开心,汗出出。回去汏个浴,适适意意睏觉了。空调,所以有种人欢喜,有种年纪大的人还勿欢喜。我从前勿是讲过吗?一个老先生屋里从来勿用空调的。伊辖只空调呢,还是伊阿弟搭伊买来的,买仔嘛伊开也勿开的。阿弟去看阿哥了,伊讲:

"阿哥,我空调搭侬买好装好了。"

"诶,兄弟,装好了。"

"葛侬哪能勿开的啦?"

"用勿着开的呀,空调勿要开的呀。"

"空调勿开装着做啥?"

"空调装着,看看也适意的,看仔觉得冷飕飕的,用勿着开的。"

"侬哪能介戆!呒没辟种事体的,空调嘛板要开的呀。"

"勿要开的,开仔伤电。"

"伤啥个电啦?电费我来,侬每日天开。"

"好好好,兄弟侬勿要吵。空调是侬买的,开呢,我每天开好吗?总归一天开一刻钟。"

"开一刻钟有啥用场啦?!"

"蛮好咪,开一刻钟,冷一冷适意点可以咪。"

谈谈身边事,回到老辰光

裔:介做人家啊!

王:做人家朋友,犟个其实是上海人讲的笑话。其实,多用空调是勿好的,阿拉可以过一点绿色环保的生活,少用空调,利用自然风勿是蛮好的嘛?我倒要讲咪,如果阿拉有一个老好的环境,摆在花园里向,组织一点纳凉晚会,用犟种方法也可以叫小区居民唱唱跳跳,展示展示才艺,用犟种方法拿整个小区的人,侪聚集起来,恢复以前的乘风凉,我觉得犟个也是老好的一桩事体。

电话间的故事

(以下嘉宾主持王汝刚简称"王",嘉宾主持刘舒佳简称"刘")

王：周日《新闻坊》,"闲话上海"听我讲。过几天就是"国际电信日"。我想到电信最近真是突飞猛进,短短几年之内,变化快得让人勿敢相信。电信是阿拉生活当中,非常非常重要的一桩事体。现在瑙个智能手机勁忒多噢,男女老少侪有的,八十几岁的老伯伯老妈妈手里也拿一只手机的,确实作用蛮大的。上头有新闻,有评论,有自己抒发感情,所有喜怒哀乐侪在上头。有种人讲如果吰没手机,就像魂灵也失脱了。虽然讲得有点夸张,但是蛮有意思的,倒确实有瑙种情况。

刘：我想起我小的辰光,阿拉外婆屋里向。阿拉外婆因为住在城隍庙,弄堂里向有一只电话间,瑙个辰光还吰没电话亭,是电话间。电话间里的阿姨一叫:"王家姆妈!来接电话喽!"哒哒哒哒哒……就跑到电话间里去接电话了。

王：诶,侬看,马上引起侬的记忆了哦。从前辰光吰没手机的,最开始是公用电话,几乎上海每几条弄堂门口,就有一只公用电话间。公用电话间交关温馨,因为伊勿但是接电话、打电话的地方,而且是住在瑙个小区当中,乃至所有经过的人,一个交流的地方。比方讲老早除脱打电话,迭个电话间的阿姨老热心的。啥人家邻居五点钟小人吰没人领,就从托儿所帮伊领得来,蹲在电话间里向。

刘：迭个变成居委会阿姨了。

王：诶,可以承担迭个责任。还有瑙种双职工。比方我碰到一桩事体,阿拉隔壁头的"大块头",

公用电话

· 37 ·

谈谈身边事，回到老辰光

名字叫"罗宋面包"，是个绰号。平常叫伊"罗宋面包"，伊要生气的，伊自己叫自己倒是可以的。有一趟伊拉夫妻两个人上班去了，等到单位里向才想起来，原来煤球炉子上，在炖脚爪黄豆汤，结果炉门呒没关脱一直在烧，再烧下去要闯祸了。伊急煞了，马上打电话打到公用电话间。"阿姨，我是4号的小张，张建国，啊，侬勿晓得？就是胖来西的。哦哟，麻烦啦，'罗宋面包'！"一急自己拿绰号讲出来，"诶，我是'大块头'，'罗宋面包'。阿姨侬帮帮忙。阿拉现在炉子上在烧脚爪黄豆汤，阿拉的炉门呒没关小。阿拉女人呒没脑子，伊上班去了，我也上班去了，乃末我现在想起来，吓煞人啊！谢谢侬，帮帮忙！帮帮忙！"电话搁脱，侬放心好了，两个阿姨来得热心，马上会寻到迭家人家去，帮伊拉处理好。煤球加一点，然后炉门封封好。箇只亭子的作用老大的，还好做"媒人"来。阿姨顶了解情况，迭个弄堂里大事体小事体侪晓得的，上到天文地理，下到鸡毛蒜皮，侬问电话间阿姨，伊侪晓得的。假使勿好呢，伊也会直接搭侬讲出来的。譬如讲：

王汝刚模仿接电话

"阿姨，迭个五号里有一个小李，有哦？"

"小李啊？哪一个小李啊？"

"一个瘦来西的男青年。"

"噢，有个！有个！有个！侬问伊的事体做啥啦？"

"我勿是问伊，我问伊拉爷娘好哦？"

"爷娘蛮好的。娘么年纪是大了，但是身体老好，脚劲好了勿得了。从前在百乐门跳舞的舞女，抱牢人家'嘭嚓嚓，嘭嚓嚓'，脚劲哪能会得勿好呢？哦哟！"

"伊拉的爷呢？"

上海老底子

"伊拉爷的爷老早是开茶馆店的,伊是小流氓。迭个一对人,吭没言话讲了,一天到夜寻相骂。"

"啊?寻相骂?为啥要寻相骂啊?"

"她嫁的辰光两个人寻相骂骂出来的呀。'若要风光,嫁拨流氓。吃光用光,勒喊冤枉。喊喊冤枉,两记耳光'。好咪,两个人一日到夜为生活事体寻相骂。哦哟!迭家人家,啥人嫁到伊拉屋里向去触霉头的。"

公用电话接电话阿姨

好了,侬讲哪能会谈得成功?

刘:辦个阿姨是"包打听",啥事体侪晓得嘛。

王:啊呀,阿姨大大小小事体侪晓得的,电话间阿姨赛过俚屋里向的管家,大事体小事体侪晓得的。乃末伊拉也是比较热心的,所以电话间阿姨拨阿拉留下的印象是老深刻老深刻的。

刘:我记得辦个辰光在电话间里向打电话要收费的,要排队的,要等的。好像是三分钟五角对哦?

王:对,侬迭个辰光是 只电话三分钟收五角洋钿。葛末我小辰光吭没介贵的,打一只电话是四分,辰光是三分钟。如果上门叫电话,另外收三分洋钿脚步费。叫电话的人老卖力的,伊只喉咙老响的,而且还拿仔只铅皮喇叭到门口,"喂!76号!电话!"一叫,声音大得勿得了。只要在屋里向的人头侪伸出来了,总归有十几只头伸出来。"侬勿对的,伸进去!也勿是侬!三层阁上胖妹妹电话。"叫一只电话,整个楼上侪晓得的。迭个辰光也吭没人怪伊是噪音,就觉着老亲切的。一叫电话大家侪蛮关心的,"噢唷,胖妹妹来电话了,阿会是伊拉屋里向的亲眷来电话啊?"伊个辰光蛮稀奇的。喊一喊,三分洋钿。乃末胖妹妹下来,三分洋钿付脱,拨伊张单子,单子上写回电号码。乃末迭个胖妹妹拿仔回电号码,去打电话了。打一打四分,辰光是三分钟。旁边有只钟的,阿姨看牢钟的,假使辰光长了,快要超过三分钟了会提醒侬的。到两分半多一点,"哎!差勿多了噢!"意思侬快点可以挂电话了。"勒紧的,勒紧的。"讲声"勒紧",意思是我还有闲话要讲下去。

刘:胖妹妹蛮有钞票的嘛。

谈谈身边事,回到老辰光

王汝刚模仿接叫电话

王:勿管啥人,总归要照迭个规矩来。超过三分钟再加一只。有的辰光蛮滑稽的,人行情行事,侬等着,叮铃铃……电话一响,所有人都看牢伊。阿姨拿起电话。"喂,找哪一个?噢,姓张的是哦?阿是弓长张啊?"旁边叫起来了:"阿拉侪姓弓长张。"一点,有六个人。"哦,勿是弓长张,葛末哪个张?立早章啊,立早章有哦?"旁边还有两个人叫起来了:"阿拉是立早章!"一看,两个。"我关照侬哦,现在有两个人是立早章。一个男的,一个女的。侬到底寻男的还是寻女的?啊?哦哦,是个女的对哦?来来来,小姐,电话。"所以电话间的门口,从早到夜,可以讲是闹猛得勿得了,基本上孵只电话,早上头七点钟开始营业,一直要到夜里向八点钟,两班制。一般是四个阿姨轮流在管一只电话间,所以电话间温馨的事体是老多的。

刘:葛末孵个是在上海打电话,万一要是打到外地的长途电话哪能办呢?

王:打到外地的长途电话呢,当时上海公用电话也是好打的,但是在公用电话间打要转到上海市长途电话局,长途电话局再搭侬转出去。所以有种人事体比较急,或者想快一点,爽爽气气,直接跑到上海最大一只长途电话局,就在南京路上和平饭店下头。侬要是急呢,侬到孵面去打长途电话。打长途电话也真的老麻烦的,先要填单子,拿对方的名字、地址、电话号码侪要写好,写好之后交拨营业所的人,营业所的人根据孵只号码,接线,打过去,打到外地。伊个辰光打只电话真的是吃力啊。

刘:葛要多少辰光?

王:我记得有一趟我一个朋友,在崇明农场的,我是在江西插队的。我要回来过年了,想打只电话告诉伊,我回上海了。孵只电话侬晓得打了几化辰光?足足打了八个钟头。为啥道理?打过去,勿通。乃末埃面通信也老差的。

· 40 ·

到了团部,团部到场部,场部到连部,七转弯八转弯,辩个电话真的是难打。不过,辩个一切侪过去了。前两天我也在看新闻报道,阿拉上海的电话亭和电话间,是越来越少了。虽然讲迭个是市政建设的需要,也是时代的进步,但是上海人对电话间还是情有独钟,伊留下了很多温馨、甜蜜或者苦涩的回忆。迭个将牢牢记在上海人的脑海当中。

从"头"讲起

(以下嘉宾主持王汝刚简称"王",嘉宾主持刘晔简称"刘")

王：周日《新闻坊》,"闲话上海"听我讲。

刘：王老师,我觉着这两天,在两月份的辰光,好像过了交关节。侬想春节过好,挨下来阿拉马上要过"二月二,龙抬头"。辩个啥意思？

王："二月二,龙抬头"呢,确实是有迭能的讲法。"龙抬头"是好事体,葛末人也去抬抬头。抬头做啥呢？抬头就是剃头呀,所以讲"二月二,龙抬头,人剃头,有劲头"。

刘：哦,是辩个道理,怪勿得。我就想了,每趟小辰光一到辩个日脚,就拨阿拉姑父捉牢我剃头。阿拉姑父会剃头,一块布头迭能一围。我小辰光是剪童花头的,童花头老难剪的。我姑父老聪明的,拿只啥物事呢？拿只盖头,盖头的边贴在我的头上,挨下来沿着边势辩能剪。剪出来头就老圆的,老挺括的。

王：因为侬是小囡,所以俪姑父在弄堂里剃头。大人是呒没的,啥人家大人在一条弄堂里,男男女女老老少少,大家坐好,头上套一只镬盖,放仔只镬子在剪头发,勿大有的。大人剃头板要到剃头店去的。因为上海人剃头,三百六十行当中是有辩能一行,所以"扬州三把刀"交关出名。第一把,就是剃头刀,第二把切菜刀,第三把扦脚刀。辩个说明扬州师傅在迭个"三把刀"上好生功夫,本事大得勿得了。剃头师傅扬州人蛮多的,所以扬州人有一个帮,就是剃头帮,侪是扬州人。侬跑进去搭伊拉讲话,哪怕侬去学剃头,侬勿是扬州人,侬要学会苏北话搭伊拉打交道,而且迭个里向功夫老深。从前学剃头,侬假使勿是扬州人,伊技术也勿大肯教侬的。假使侬是扬州人,除脱教会侬技术之外,还教侬做人的道理,甚至会教侬交关外头人勿晓得的隐语。比方讲"快点"勿叫"快点"的,麻利点。有交关辩种行话。比方讲有个人来剃头,剃好以后,师傅问侬,侬哪能放伊跑了,伊剃头细拨过没拨过？辩个辰光客人还在,勿能当了伊面讲,伊剃头费拨过哦？诶,难听哦啦,伊拉有行话的。

刘：葛末王老师,刚刚辩句话是哪能讲的呢？就是问顾客到底有没有埋单。

王：侬想学是哦？迭个是商业机密,勿好讲拨侬听的。还有一个秘密,比方讲阿拉侪晓得的,扬州剃头师傅出名的,"三把刀"当中的一把。其实当时辰光,扬州人的太太,也就是苏北妇女,伊也会梳头的。但是迭个辰光呢,女同志做剃头师傅勿大有的。葛末,哪能把一身的本事传授出去呢？哪能为社会服务呢？迭个辰光应运产生了叫"梳头娘姨"。所谓"梳头娘姨",伊勿是等顾客上门的,而是自己约定辰光。或者三天,或者一个礼拜,到大户人家去帮人家梳头的。梳头娘姨当中有交关是扬州人,当然还有其他地方人。迭个梳头娘姨本事交关大,伊去的辰光就一个包,里向一套工具,篦子、木梳、挑头路的簪子,有各种各样的物事。到侬屋里来梳头,梳得交关适意。所以当时梳头娘姨也有是一定的社会地位的。大家看见伊呢,侪蛮客气的。但是在剃头店里,绝对勿会有女的去剃头的。所以在上世纪五六十年代的辰光,上海曾经有过一只片子交关红,叫《女理发师》。

梳头娘姨

刘：诶,王丹凤老师演的。

王：王丹凤老师演得相当之好。迭个辰光,是要纠正一个错误的观点,就是女人家呢,是勿好做剃头师傅的。因为有种老封建的人认为,自己这只头,勿好拨女同志碰的,男的可以碰的,女的勿好碰的。葛末哪能办呢？比方讲有种"老顽固"到剃头店里去剃头,明明排好队挨着伊了,一看是个女理发师,伊就勿愿意了。假痴假呆拿张报纸横看竖看,喊伊也勿睬侬,弄到最后打瞌睏。是有这种情况的。

刘：当时我看辩只电影的辰光,首先对迭个女理发师留下了深刻的印象,外加辩个店里向哦,辩只矮凳是老重要的道具,可以升高降低,还可以三百六十度转。门口头标志性的剃头的辩只标志,一只转筒,会在埃面转。

王：辩只转筒在转呢,表示辩家人家在剃头,所以顾客侪会去上门剃头。

谈谈身边事，回到老辰光

《女理发师》片断

最开始女同志流行横S头，侬去看上世纪三四十年代电影里，女的发型比较简单的。后来行出来烫头发了，迭个烫头发是跟外国人学的，伊拉花样蛮透的，菊花头、爆炸头。

刘：其实一开始辰光，肯定是呒没介复杂的，呒没介许多花头好翻的。

王：我小辰光看见烫头发是蛮简单的。女同志一般勿大肯去烫的。为啥呢？要几块洋钿，贵勿过。大家烫只头好点的店要五六块，一般性的店也要两三块，就是弄堂里剃个头，也要一块八角、两块一角，辣个价钿。烫头发，我小辰光为啥对伊感兴趣？蛮好白相的，因为大人一去烫头发，要两个钟头。迭个两个钟头意味着没人管小囡了，小囡是老自由的，好到弄堂里白相去了。烫的辰光呢，辣只头盘好，上头一根根电线拉下来，辣只头吊着。

刘：哈哈，样子蛮吓人的。

王：大人坐好了，小人好出去白相去了。出来一只只卷的，头发像卷毛，"文革"当中的发型，侪由样板戏来做决定的。比方讲《红灯记》里的李铁梅。铁梅是梳根辫子，结果大家侪去梳辫子。里向的奶奶，头发一把扎，结果大家一把扎了。

刘：辣个道理跟现在一样的，就是阿里个明星梳的头流行，大家侪梳辣只头。

王：葛末，等到《杜鹃山》出现之后，改变了交关人的发型。因为《杜鹃山》在迭几部样板戏当中，是比较后出现的，特别是柯湘出来的辰光。前头有个前刘海的，后头上头有点反翘的，所以叫"柯湘头"。辣只柯湘头交关吃香。

刘：辣只头发我觉得还是比较简单的，后来我发觉，辣个发型是越来越复

上海老底子

《杜鹃山》中"柯湘头"

杂了，有种头发翘起来。有一只我印象老深刻，但我勿晓得叫啥名字，就是头上翘得很高的，挨下来还会撒红红绿绿的金粉，像顶了只八宝饭一样的。

王：弇只讲得俗气点呢叫牛屙头，像牛粪一样的一堆，堆在头上。是有弇能只头的。到后来大家要漂亮，非但是女同志烫头发，男小人也去烫头发了，迭个是受了港台电影的影响，当时辰光标配。迭个人时髦，走在马路上一看看得出来。哪能呢？头上长波浪，烫成爆炸式，一圈一圈的。手里拎只四喇叭，眼镜戴副老大的蛤蟆眼镜。乃末花衬衫，小牛仔裤，招摇过市。南京路上一看，迭个人挺括，迭个人老时髦的。乃末当时也有勿好听的叫法。称弇种人叫啥呢？叫"业余华侨"。其实是蛮确切的，伊拉勿是正宗的华侨，是业余华侨。

弄堂里烫头

"业余华侨"爆炸式发型

刘：现在弇种剪头、烫头侪贵得勿得了。老底子贵吗？

王：老早烫头呢也要一定钞票的。刚刚我拿价格讲拨侬听了。从前辰光

· 45 ·

谈谈身边事，回到老辰光

基本上两块朝上，侬到大的剃头店勿肯的。侬假使去南京理发店、白玫瑰顶起码四块、五块。

刘：所以有种人做人家点的就不去了，伊自己屋里向好解决。

王：后来有一阶段流行过上海弄堂里，家家人家自己烫头发。也就是讲，阿嫂搭姑娘烫，姑娘搭阿嫂烫，姆妈搭囡儿烫，囡儿搭姆妈烫。就是家里人互相之间烫。葛末哪能烫呢？迭个辰光上海人聪明真聪明，跑到店里向去买药水。空的辰光，礼拜天互相烫头发。所以侬到弄堂里去看，每到礼拜天跑出来的人，有辰光接公共电话，头发烫好还没解下来俉出去了，迭个一只只卷筒还顶在自己头上。辫个也是上海弄堂里的一道风景线。

上海人的"嘭嚓嚓"

（以下嘉宾主持王汝刚简称"王"，嘉宾主持刘舒佳简称"刘"）

王：周日《新闻坊》，"闲话上海"听我讲。

刘：王老师，我前两天到静安寺去白相。我看到有幢房子，老闹猛的，伊拉讲是百乐门，

王：哦，辣个百乐门舞厅是静安寺地区的一个标志，辣只舞厅到现在为止，已经有了80多年的历史了。80多年前，在整个静安寺地区，有一个地方是最闹猛的，啥个地方呢？大家侪晓得的，静安寺辣只庙，但是在辣只庙附近，商业网点老少，一般侪是居民的住家，而且还有交关是种庄稼的田地，所以造了辣能只舞厅，眼光是老好的。

刘：葛末辣个百乐门倒是辰光老长了哦？

百乐门舞厅

王：是呀，所以辣只舞厅倒是蛮有讲头的，辣能样子好唻，阿拉顺带便讲讲上海人对于跳舞迭个娱乐项目的认知搭仔伊的发展好哦？阿拉上海据记载，最早的一只舞厅，是1852年的礼查饭店，也就是现在的浦江饭店开设的，

谈谈身边事，回到老辰光

迭个历史上有记载的。等到1897年，西太后60岁，上海做官的道台拍西太后马屁，就办了一场舞会，叫"万寿舞会"，请了各国的领事和外国来上海做生意的人，一道参加辩只舞会。所以阿拉上海的历史上记载，称辩只舞会为官方组织的第一次舞会。

刘：上海因为是最早的通商口岸，外国人来了，上海人就老会赶时髦的。

王：侬讲得一点也勿错，1897年，慈禧太后60岁，辩只叫万寿庆典，也叫万寿舞会。啥人晓得一办办了之后，整个上海轰动。本来跳舞侪是外国人跳的，中国人勿会掺和的，特别是过去辰光人的思想比较保守，啥男的女的轧了一道跳舞，勿可能的事体。后头看到外国人居然有辩种形式，而且辩个舞蹈翻译过来叫"交际舞"，勿是叫"交谊舞"。觉得迭个物事也没啥勿好，虽然讲一男一女在跳舞，但是可以通过跳舞迭个形式交流。跳好以后谈谈，跳的辰光可以讲讲，是人搭人之间一种交往的形式，倒也蛮好的。所以上海当时有一批思想、风气领先的人，于是开始去学跳舞了。葛末上海滩，侬只要一样物事行出来，交关物事配套来了。商人一看有商机了，侬要跳舞，必然要有地方哦，于是就开出舞厅来了，所以一记头，上海开了几十家舞厅，而且舞厅的装修越装越漂亮，规模越弄越大。迭个百乐门舞厅有几大特点，人家比勿上。第一是派头大：三层楼，有大大小小各种各样的舞池。据说每次楼上楼下一道跳，伊是二楼三楼，好供一千个人同时跳舞。里向装潢交关漂亮，服务交关到位，里向有年纪轻的BOY（侍者）帮侬端茶端水，还有漂亮的舞小姐，而且还有特色，伊定期地请国外或者国内的一流乐队，请东南亚歌手到辩搭来唱歌。辩能一来当然吸引人了。

刘：葛末老早底跳舞贵哦啦？

舞会资料

王：老早跳舞，我听伊拉老先生介绍过，到舞厅里去要买舞票的，一块洋钿买一本。一本当中分档次的，消费档次勿同，一流的舞厅，一块洋钿买三张舞票，一张舞票可以请一位小姐跳一次舞，也就是讲一块洋钿可以跳三支曲子。

刘：一块洋钿还蛮便宜的喽？

王：啥个便宜咪？当时辰光一块洋钿代价蛮大的。辣个是一流舞厅，一块洋钿买三张；二流舞厅，一块洋钿可以买七张；三流舞厅好买十张，甚至更多，十五张都有的。所以每次跳舞的辰光，付一张舞票拨舞女，请伊陪侬跳舞。当然也有派头大的，有种少爷买一叠舞票乱拨侬，也是有的喽。所以一块洋钿，当时辰光代价是蛮大的。大闸蟹只卖几角洋钿一斤，侬想想看，所以当时辰光物价是便宜的。

刘：王老师，葛末新中国成立以后的情况又是哪能样子呢？

王：新中国成立以后呢，情况发生了翻天覆地的变化。舞场大家侪晓得，辣个是资产阶级、有闲阶级白相的地方，劳动人民要建设祖国，也没空去白相的，再讲花迭个钞票也勿舍得的，也勿应该的。乃末，就两样了，舞女改造成为自食其力的劳动者，有种到纱厂工作，有种嫁人，有种做家庭妇女。所以舞女迭个现象也就呒没了。葛末，跳舞厅派啥个用场呢？跳舞厅被改造成书场，说苏州评弹，让劳动人民进去进行文化享受。跳舞几乎是绝迹了，后来阿拉搭苏联交关要好。葛苏联是"老大哥"呀，阿拉样样啥侪向"老大哥"看齐。后来聪明人发觉，"老大哥"来得欢喜跳舞。但是伊跳的勿是像从前舞厅当中，"勾肩搭背"跳的交际舞，而是跳一种集体舞，于是集体舞风靡了。后来慢慢叫到仔"文革"，"文革"当中侬晓得，一切侪呒没了。

刘：葛末后头来，是勿是交谊舞又回来了呢？

王：喏，"文革"结束，改革开放开始，大家觉得跳舞是好的娱乐方式，于是慢慢叫开始又兴起来了。现在想想当时跳舞有交关笑话的，比方讲过去辰光私人在屋里勿好跳的，迭个要团组织或者机关里举行的舞会，大家一道跳。外单位去的人，贸贸然勿能去的，要开证明去的。所以当时辰光钢铁厂的小伙子搭棉纺厂、毛纺厂的女工跳舞，经过团支部、团委批准，可以进行舞会。跳的辰光，动作顺手顺脚的也有，踏痛脚趾头的也有。最要命的一点，跳舞男男女女勿好一道跳，男管男跳，女管女跳。到后来开放点咪，一男一女好跳了，但是旁边有"纠察"的。倷两只面孔稍为贴近一点点，旁边"嘿"，要吹叫鞭的。

谈谈身边事,回到老辰光

跳舞

刘:哦,真的啊,介滑稽啊!

王:诶,迭个阿拉是过来之人,倒确实是碰到过的,辫个跳舞到现在是勿容易的。后来有一只美国电影《霹雳舞》,《霹雳舞》上映以后,引起交关年轻人的爱好。

刘:辫个我有印象的,阿拉爸爸妈妈年轻的辰光也跳的。

王:年纪轻,蹲在屋里向精神十足,蹲在街上像现在跳街舞一样的,是去练习的。

刘:葛末到再后头,是勿是就开始变成像阿拉现在看到的广场舞了呢?

王:舞蹈形式蛮多的,实际上阿拉的舞蹈,舞台上表演的舞蹈也有的,生活当中也有交谊舞,也好跳广场舞,甚至人家锻炼身体,自己编出来的舞蹈也好跳。总之,现在勿像从前,大家心情愉快、身心健康,侬愿意做啥侬就做啥,只是勿要影响人家就好了。所以通过迭个舞蹈,也就是讲跳舞啊,也看到阿拉城市的变迁。所以过去辰光可笑的镜头,到现在我还记在脑子当中。同时我也看到,现在在跳广场舞的辰光,辫些老伯伯老妈妈,红光满面、喜气洋洋,跳得心情舒畅的样子,也留下了深刻的印象。

上海人记忆当中的巨龙车

(以下嘉宾主持王汝刚简称"王",嘉宾主持裔莎简称"裔")

王:周日《新闻坊》,"闲话上海"听我讲。

裔:王老师,交关辰光勿见了,我要帮侬讲一桩事体,侬晓得哦,最近上海有一桩新鲜事体,因为有好几部公交车要重新上马路了。

王:迭个闲话我听也听勿懂,迭个嘛勿算啥新鲜事体,马路上本来就有公交车。

裔:勿对勿对,我呒没有讲清爽,勿是一般性的公交车,是18米长的巨龙公交车要重新到上海来了。

王:原来侬讲的是18米长的巨龙车,迭个情况我也注意了,因为我上下班经过延安路,看到延安路高架下头,辫两天在紧锣密鼓地施工,造啥物事呢?就造巨龙车的车站。哦哟,卖相好得勿得了,又高又大,气派大得咪,弹眼落睛。虽然讲辫个巨龙车我还呒没看见过,车站我已经"领教"了,有介漂亮的车站,车子肯定也勿会推扳的。讲起辫个巨龙车,对见多识广的上海人来讲,真的叫呒没啥稀奇。为啥呢?因为在上世纪60年代末、70年代初开始,有一段辰光上海是有巨龙车的,迭个事体大家是记忆犹新。侬乘过哦?

裔:我当然乘过喽,王老师,而且讲心里闲话,因为我小辰光住在金陵路,屋里向附近有26路,26路巨龙车是我小辰光最最欢喜坐的车子了。

王:是哦,为啥道理?

裔:因为伊个辰光小嘛,小人就觉着老好白相。特别是辫个车子当中一段,阿拉叫"香蕉

巨龙车

座位",半圆形的。而且我记得车型勿一样,座位也勿一样:有种是一排生,就像"香蕉"一样的位子,有种是前后两只位子,正反面两只位子。但是,小辰光我记得爷娘俫会讲,掰个位子老危险的,小人勿要坐,因为下头有只洞,脚老容易夹牢的。

"香蕉座位"漫画

王:掰个洞我倒也看见过的,在车子上看下头,真的看得老清爽。有的辰光在车子上,听人家一直在开玩笑:"看见哦,下头有一只皮夹子,啥人落脱的?"大家晓得,掰个是在开玩笑,小人蛮欢喜坐上去的,因为坐上去掰个感觉像啥呢?像在儿童乐园白相一样。

裔:是的是的,而且晃记晃记的,当中迭个位子。

王:小人特别欢喜坐掰个位子,大人为了安全起见,特别勿拨小人去坐迭个位子,因为觉得危险,要是脚一勿当心下去嘛讨厌了,要夹牢。当时辰光掰个巨龙车,对老百姓讲起来是蛮需要的。啥体呢?掰个辰光人多,车子少,上下班的人挤是挤得勿得了。掰个车子有几个好处:第一,迭个巨龙车装的人多,我老早上下班也乘过巨龙车的,我还戆嗨嗨,存心去点点看咪。

裔:去点人头啊?

王:诶,我点点看大约摸多少人。乃末我一点点下来呢,叫点来点去点勿清爽,为啥?人实在太多了。后来伊拉告诉我,掰个巨龙车载客量可以达到150人。

裔:哦,150个人!

车挤

王:诶,当时辰光挤是挤得勿得了,乃末哪能办法呢?在终点站啊、始发站啊或者重要的站头呢,喏,现在讲起来有志愿者,有退休的老伯伯、老妈妈推背,"哎,上去上去、再挤一把、推一把,哎哟!"车门一关。

裔:就帮现在有辰光乘

地铁一样,要往前头推一记。

王:卖票员忙得勿得了。当时辰光卖票员有几样物事少勿脱,一个是只袋袋,票袋;乃末还有一只票夹,票夹上头是票板。

裔:票子是老小的一张张,白颜色的纸头,扯拨侬对哦,手揿一记?

王:诶,票板、票夹,有了票子要剪哦啦,箇几样物事一定要有的,还有一面小红旗,小红旗上头有一个"慢"字的。就是每逢转弯啊、进站啊要招呼,"哎,当心当心哦,进站咪进站咪!"乃末卖票员真吃力,虽然讲巨龙车车上是两个卖票员,前头一个,后头一个,但是要照顾整部车子还是很吃力的。有两句著名的"台词"大家侪会的,是卖票员的职业特点:"上车请买票,月票请出示。"

裔:哦,对的。而且老早又勿像现在自动卖票对哦,或者专门有个规定,啥地方上车。老早我记得,随便阿里只门侪可以上下车的,挨下去卖票员还要挤到侬前头帮侬来剪票。

王:人真的多呀,挤得咪人山人海。据当时统计哦,现在听听迭个数字简直是惊人啊,就是一个平方挤能大的面积,最多的辰光立过13个人。侬想,如果四个人一排,横过来有三个人,也只有12个人,还有一个立在外头,迭个立在外头的人硬劲要挤进去,侬想想看,哪能会勿挤呢? 所以卖票的辰光,售票员喊得喉咙痛,她也想为大家服务,卖票员真是老辛苦的。上海人还是老聪明的,而且有互助精神,迭个辰光叫"摆渡"。

裔:对对对,想起来了。

王:有人买票,"上车请买票,月票请出示。老伯伯,侬买几钿的?""我买一张7分头的。""来来来,钞票传过来。"人家摸出来一角头,传给张三,张三传给李四,李四交到售票员手里,售票员把钞票找好、票子拿好,"喏,老伯伯票根拿好、找头拿好。"交给李四,李四还给张三,一直还过去,还是到迭个老伯伯的手里。

裔:王老师,我发觉现在搭侬聊迭只话题,我一记头就很有感触,甚至于我现在一记头老感动的,就等于小辰光交关记忆一下子全部侪想起来了。葛末既然伊介好,为啥在老早介许多年数前,一记头就销声匿迹了呢?

车票摆渡

谈谈身边事，回到老辰光

王：辩个巨龙车的好处，我刚刚已经讲过了：伊是载客量大、方便，而且里向比较清爽。但是现在想想，时代勿同了，有交关缺点、弊端出来了：第一个，辩个巨龙车最大的毛病，就是当中辩只转盘勿安全，密封勿好，灰尘进来比较多；第二，速度开勿快，巨龙车长勿过，伊掉头、转弯比人家困难，赛过像一个"大块头"一样；第三是顶"要命"的，上海人有一句闲话叫"翘辫子"，迭个车子经常"翘辫子"，因为老早巨龙电车高头有两根"辫子"的，迭两根"辫子"一勿当心就要落下来的，落下来就尴尬了，"翘辫子"了。往往售票员第一个下去，拿两根"辫子"重新搭上去，假使搭勿上哪能办呢？驾驶员会一道下来，要是驾驶员还勿来三，乃末尴尬咪，整个车子上的人下来一道推。所以从前辰光，阿拉在马路上看到的乘客在推车子的现象屡见勿鲜，呒没有啥稀奇的，所以迭个是顶顶"要命"的，一"翘辫子"就尴尬了。葛末，现在的车子搭从前的车子勿可同日而语了：第一，舒适，伊邪气宽敞，高度也高，里向有空调，而且安全了；第二呢，现在的交通规则也好，而且特别为伊造了专用的通道。

裔：哦，我晓得了。侬刚刚讲，侬勿是讲延安路上已经在造老多老漂亮的车站了吗？我在其他的城市里面看到过的，有一种专门叫 BRT（快速公交系统），是勿是就类似于辩个概念对哦？

王：一点也勿错，像辩样的车站第一批要造 25 只，也就是讲延安路上要造 25 只车站。辩个 25 只车站一造，有专门通道嘛，开起来快了。

裔：对，伊也勿大用转弯。

王：用勿着掉头、用勿着打弯咪。

裔：真的老方便的。

王：第三个优点呢，顶顶好的一点呢，从前的弊端呒没了，像"翘辫子"勿"翘辫子"了。"辫子"有哦？"辫子"有的，两根"辫子"照样在上头，迭个"辫子"勿大会翘的，为啥呢？伊有保障措施了：万一上头"辫子"翘脱了，呒没"辫子"也好开的，因为下头有电池的。

裔：现在先进了呀。

王：诶，现在先进得勿得了，所以我相信，迭个车子一投入运营之后，一定会受到大家的欢迎。据说，第一批车子到了之后，阿拉公交部门交关积极，组织了有关人员去学习、培训，现在已经有 100 个驾驶员在培训开辩部车子了。我想，介好的车子上街，对阿拉上海讲起来，对于交通拥堵的缓解勿晓得带来多少大的好处咪，所以我是老期盼的。

谈谈小人书　讲讲老故事

（以下嘉宾主持王汝刚简称"王"，嘉宾主持刘晔简称"刘"）

王：周日《新闻坊》，"闲话上海"听我讲。今朝我想搭大家谈谈小人书。

刘：讲到小人书，前两日在新闻里向看到侬了，不过是桩伤心的事体，就是贺友直老先生的追悼会，侬阿是去参加了？侬搭贺老师迭个辰光是哪能认得啊？

王：贺友直先生为人老正派，而且语言交关风趣，交关幽默。我搭伊两个人认得，倒要追溯到上世纪90年代初了，在一次笔会上，我搭贺先生认得了，从此阿拉成为了忘年交。我每次演戏，有辰光碰着有啥困难，我向伊请教，伊肚皮里货色老多的。

刘：迭个方面伊也好指导侬啊？

王：伊真所谓是万宝全书，一个角也勿缺，特别是老上海的一些情况，伊是交关熟悉。阿拉当时排了一本戏叫《明媒争娶》，我扮演媒婆，我看到伊画的一本连环画，小人书，叫《山乡巨变》，还看见伊画的《小二黑结婚》，里向有三仙姑的形象，迭个笔下的人物侪栩栩如生，我就去讨教伊了，讲拨我听，辧个三仙姑哪能打扮？正好我借鉴到我的戏当中，拨媒婆做打扮最好的借鉴。

刘：有灵感了。

王：贺先生画的几本小人书，名头大，确实画得好，好几本侪得了全国一等奖，越看越有味道，所以辧个小人书影响了几代人。

刘：乃末迭个辰光到阿里搭去看呢？

王：弄堂门口有摊头，摆小书摊。摆小书摊是上海三百六十行当中的一个行业，有人专门摆书摊。哪能样子呢？就是两只辧能样子高，木头搭出来的，像只盒子，放大盒子，合起来是像两扇门板一样的。拉开之后，上面一排一排，侪拿小人书摆在上头，乃末侬去借来看，要钞票哦。新书看看一本两分，老

谈谈身边事,回到老辰光

王汝刚追忆贺友直

贺老小人书

书看看一分,再蹩脚点,一分洋钿好看两本。一分看两本,基本上已经翻得差勿多了,头尾巴已经勿大有了。弄堂门口成为上海一道风景线。因为看小人书,讲嘛讲小人书,看的人勿仅是小人,还有大人咪。大人一面看一面还要评论,"哦哟喂,有劲,是辫个样子。哦哟,嬛啊!"闹猛得勿得了。当时的连环画倒勿是一本的,有种是三本,有种是五本,成为一套的。比方讲《三国演义》辫个结棍咪,要交关本数了,《水浒》也是交关本数。新出来之后,大家侪想看哪能办呢?哎,迭个辰光闹猛了,只要学堂里向的铃一响,下课了,小朋友侪往外头冲。啥体啊?到弄堂门口去看小书,老板一看俚侪来嘛,书勿是要扯坏脱啊?"勿要吵勿要吵,排好队,啥人要看,阿里个小人顶乖我拨啥人看。"小朋友讲"我乖,侬拨我看"。拨辫个小朋友看,本来是新书,看一本要两分,每个人手里拿好两分,小朋友聪明,一看侬抢到了,勿要烦了,我搭侬挤挤,阿拉两个人一道看吧,乃末两个小朋友坐在一张凳子上,一道看一本书。老板一看,"哦哟,俚两个人合看一本书啊?葛末,到底俚是拨我两分还是四分呢?"小朋友讲"当然是两分,阿拉两个人合看一本。"老板看看,讲小鬼"门槛精"的。

刘:迭个辰光王老师侬零用钿有几钿啊?

王:迭个辰光零用钿少呀,要买书更加困难咪。到新华书店看看,新华书店迭个辰光小人书是蛮多的,新华书店的书多,价钿大,当时辰光总归一角几分,两角几分。小人一年到头,零用钿也没几钿,加上压岁钿也吥没多少,要去买也实在舍勿得,所以买书的概率老小。我记得我买过几本书,到现在我名字还记得,一本是程十发画的《海瑞》,一本就是《山乡巨变》,是贺友直先生画的,迭个几本书,我屋里向到现在还囥好了。

刘:珍藏着。

上海老底子

小人书摊

小人合看一本小人书

老板无可奈何

王：迭个是阿拉屋里的宝贝，侬勿要看小小一本小人书,学名叫作连环画。看的人特别多，而且它起的作用，是大家侪没想到的。为啥呢？自从新中国成立以后，有交关新的政策要推行下去，但是当时辰光老百姓文化水平低，交关人侪勿识字，葛末哪能办呢？出版系统想了好办法,拿有些政策让连环画家编成小人书出版。当时1949年上海解放的辰光，解放军招待上海文艺界看过一场戏，叫《白毛女》，编小人书的作家也老聪明，马上编好剧本，请连环画家来画图。葛末，介快画得出啊？画得出的。辫个连环画创作当中，在解放初的辰光还有辫种的现象，叫作画"跑马书"。哪能画"跑马书"？就是一本剧本出来之后，勿是一个人画的，是由三到四个人一道，联合画的。在一张八仙桌上，大家轮流画，轮到我的辰光，我画人，辫个人画之后，推过去。

刘：流水线一样的。

王：对，侬在旁边就补，我补一块石头，再过去补一棵树，一到两天就可以出版一本连环画。所以辫个也是初期，上海连环画（小人书）发达的原因之一。

刘：哦，迭个道理。

王：乃末辣本书出版之后，上海人《白毛女》倒呒没看过，连环画看过了，侪看过，侪知道，所以作用交关大。新华书店看的人多，买的人少。为啥？制作精良，价钿太大，小人买勿起。

刘：侬要是实在想看，但是实在呒没钞票，葛哪能办呢？

王：喏，侬聪明了，看嘛想看小书，钞票又呒没，哪能办呢？我可以告诉侬一个捷径。一般男孩子老怕剃头，爷娘看到头发长了，板要骂的呀，

"哎，小鬼，头发太长了，像乱草窠一样，剃头剃头。"

"勿去勿去，我勿去剃。"

十个男孩有八个怕剃头的。后来辣个剃头师傅聪明了，伊一看大家侪欢喜看连环画，伊也去买两本小书，拿小人书买来摆在摊头上以此招徕人来剃头。侬要去剃头嘛，前头在剃，后头要跑了："别走别走，来看小人书，连环画，看看。"

刘：留牢伊。

王：乃末一看连环画，就留牢客人了。当时辰光，我也在剃头摊上看小书。辣本书是新的，我越看越有味道，剃头师父搭我剃的辰光板要问我：

"哎，上去点还是下去一点？"

"随便随便。"因为我在看书。

"辣搭帮侬剃脱喽？"

"随便随便。"

"辣面也剃脱喽？"

"随便随便。"

小人书

我因为看小书,伊问我啥我侪讲"随便随便",等到剃好之后我自己也勿晓得,哦哟书孅的,侬侬勿舍拿小书还掉,回到屋里去,到屋里我妈对我横看竖看,骂山门咪,

"侬今朝啥地方剃的?"

"山东路剃的。"

"山东路剃的? 去,我跟侬去!"

"姆妈做啥要跟我去啊?"

"挌个老头子昏头啦,搭侬剃的啥头啊?"

"啥物事啥头?"

"侬自己看啊!"姆妈把镜子拿出来,我一看,要死了,搭我剃了只"马桶箍"啦。

刘:哈哈哈哈哈。希望这小人书勿会变成只是收藏品,希望有一天阿拉可以再拿小人书打开来。说勿定王老师,阿拉两个人,阿里一天可以坐在一道再看看这书,侬帮我讲讲挌个故事。

千奇百怪"除四害"

(以下嘉宾主持王汝刚简称"王",嘉宾主持裔莎简称"裔")

王: 周日《新闻坊》,"闲话上海"听我讲。

裔: 王老师,今朝我要帮侬讲一桩事体,辫两天阿拉业主群里向有业主讲,辫个季节还会有老鼠伊讲。

王: 葛倒是蛮讨厌的,本来辫两天天气蛮适意的。秋高气爽,夜里睏觉老适意的。有仔老鼠讨厌了。辫个倒让我想起来一个话题,迭个有句言话的,上海人老早讲的,现在长远勿讲了,叫"除四害讲卫生"。

裔: 灭"四害",我小辰光听到过的。

王: 考考侬记忆力。迭个"四害"是阿里四害?

裔: 我晓得,辫个便当。第一个应该是老鼠,首当其冲。第二个应该是苍蝇。挨下去还有蚊子,哎呀,然后还有一只啥物事啊?蟑螂。

王: 蟑螂勿对的。阿是勿晓得了哦?"四害"里向最后一害是麻雀。

裔: 麻雀啊?麻雀勿应该是益鸟吗?

王: 讲麻雀是害鸟,是"四害"之一,因为伊最大的擅长是搭人类争夺粮食。阿拉吃的谷子伊也吃谷子,因此伊是害鸟,乃末侬捉牢麻雀是有功劳的。辫天刚好学堂里放假,老早吭没礼拜六休息,只有礼拜天休息。我记得礼拜天早上,我刚刚醒转来的辰光,只听到外头一声大喊:"开始啦!"辫只"开始"以后,下头的声音真的是四个字"排山倒海"。接下来又四个字,我是"魂飞魄散"。吓煞了呀。为啥道理呢?辫句"开始了"之后,下头所有的邻居,包括屋头顶上,二层阁、三层阁上,老虎窗里向,下头的天井,每家人家俦出动,而且敲动可以响的物事。迭个真叫滑稽了,叫"打人民战争"。敲啥呢?钢宗镬子、铅桶、簸箕、哐哐器,小囡白相的哐哐器。只要能够发出声音来的,只听一句"开始啦","咣呼咣呼",侬想想看我哪能勿要魂飞魄散。我想啥物事?麻雀听见辫个声音吓煞脱了,俦往下头掼下来了,噼里啪啦从树上往下头掼。大概

到了1960年后头,麻雀平反了,讲麻雀是益鸟。因为麻雀除脱吃一点点稻谷之外,伊还吃坏物事。蚊虫、害虫,交关勿好的物事伊帮侬吃脱的。葛末辩能一来功搭过相比,功大于过。因此麻雀得到平反,麻雀好勿捉了。

裔:从此,伊从"四害"的名单上头去脱了。

王:葛末哪能办呢?讲是讲"除四害",三缺一了,促掐了。

裔:要寻辩个替死鬼顶替喽!

王:寻着了!臭虫,乃末"除四害"当中加进了臭虫。

裔:臭虫阿是黑黝黝的,老小的。

王:臭虫的大小,比黑芝麻稍为大一点点,爬起来老慢的。

裔:葛末大家捉的兴趣肯定呒没介大来?

"四害"变化

王:勿晓得哦,一旦到消灭臭虫,迭个"人民战争"的场面更加宏伟。侬勿要看辩个臭虫,爬起来老慢的,伊呒没吃人的血的辰光扁塌塌的,吃了人的

谈谈身边事，回到老辰光

血之后老胖的，壮笃笃的。侬手一揿，一包血。新鲜的血是红的，陈血是黑的。所以消灭迭样物事的辰光，场面大了。开头辰光也是个人行为搭"人民战争"相结合的。个人行为的辰光是勿闹猛的。葛消灭臭虫哪能捉法呢？捉辩个臭虫的辰光，夜里向电灯开好，拿席子翻过来，多的地方侪是的。一只只捉好了，揿好了。

裔：我鸡皮疙瘩也起来了，头皮发麻了。

王：等到床板上捉脱之后，拿席子摆了地上春，下来侪是的。乃末侬再去揿，辩个是夜里捉的。辩个是个人行为，动静还勿大。到后来打"人民战争"，要讲气势，乃勿对了。人是真聪明，第一，用啥办法？用水烫法。专门做好一只白铁皮桶，大概横度里五尺长。拿辩个席子摆里向，下头烧柴爿，让水勿断地沸腾；上头拿只铜吊，拿滃滃滚的开水浇下去。非但席子里向浇，屋里向的铺板也要浇，角角落落里向也要拿开水浇。辩个勿是一家人家，家家人家侪要动。迭个"人民战争"的场面是相当可观的。

灭臭虫

裔：老早我晓得杀虫剂呒没，但是像敌敌畏辩种物事，有用哦？

王：辩个是手段之一，刚刚我讲的是水烫法，还有一种是烟熏法也可以的。侬到中药店去买一些艾蓬、白术，辩种专门配好的方子。迭个老早是五月端午人家屋里向杀虫的。辩个辰光配好之后人家买得来，现在为了"除四害"也买到屋里向来。拿伊点好，房门关好出去，熏一个半钟头回来。

裔：爬出来一堆臭虫。

王：乃末臭虫看看勿出的，要侬拿扫帚去扫，一扫扫下来，基本上搭大饼摊上头的芝麻差勿大多。

裔：呦。

王：水烫法、敲打法、烟熏法、眼睛捉拿法，各种方法侪来了。还好用敌敌畏、注射法打虫。所以闹猛得勿得了，弄堂里向看见打臭虫，人侪出来了。

裔：但是讲到现在，侬讲辩个"四害"里向还有三只。刚刚老鼠讲过了，

上海老底子

蚊子,像现在搿种天气,虽然讲已经 11 月份,但蚊子还是老猖狂,还有就是苍蝇。

王:蚊子搿两天因为是秋天了,搿个属于最后的反扑。伊要么勿要咬侬,咬侬的辰光真是拼命。像飞机一样的,像直升机一样,往侬面孔上戳的啦。

裔:呵呵,横竖横了。

王:横竖横了,吃着算数,咬着一口就跑。蚊子从前辰光药水一喷喷上去,"嘭"马上当场掼拨侬看的;现在我试过了,第二趟喷上去,伊照样飞,垂死挣扎,顶起码好再翻三只跟头再掼下来,说明伊生命力老顽强的。迭个苍蝇还要结棍,现在勿是有种电动的蚊拍嘛,可以拍苍蝇,可以拍蚊子的。现在吭没用场了,现在搿个老鬼上去,伊照样从网眼里穿过去,再会得穿过来。

裔:王老师,侬刚刚讲了交关种灭害方法。葛末对付老鼠有啥好方法?除脱养猫还有啥好的方法?

王:老鼠也越来越聪明了,老早阿拉用老鼠夹子。本来老鼠老戆的,侬稍微放一些羌饼伊也会去吃的。搿个羌饼又吭没油水,邦邦硬的,伊没物事好吃,闻着搿个香味道就去吃了。一吃,夹牢,逃也逃勿脱了,老容易捉的。现在勿对了,现在摆啥?摆红烧肉。阿拉隔壁头人家,伊搞试验。伊讲我勿摆红烧肉,红烧肉老鼠吃惯了。伊拉屋里吃勿脱是啥物事?干贝。干贝摆了上头。伊讲迭个是山珍海味,调调味道。结果半夜出去"啪"声音一响,捉着了,开心了。我搿个办法好的,我几化聪明。摆红烧肉老鼠勿来,摆干贝,山珍海味照样上钩。结果灯开开来一看,一只干贝也吭没了,夹子也吭没了。再一看,搿只板已经拖到角落头里去了,拖到老鼠洞旁边去了,说明搿只老鼠吃好之后照样跑,钞票也勿付的。

搪瓷，上海人的集体记忆

（以下嘉宾主持王汝刚简称"王"，嘉宾主持雪瑾简称"雪"）

王：周日《新闻坊》，"闲话上海"听我讲。雪瑾啊，春天了，春暖花开，到外头去跑跑啊！

雪：葛末到啥地方去跑咪？王老师侬去的地方多，介绍介绍我咪。

王：我介绍侬到博物馆去走走，参观博物馆老有味道的。

雪：是的呀，但是上海大大小小的博物馆，也兜得差勿多了。最近有啥新的博物馆啦？

王：我搭侬介绍一只，叫"搪瓷博物馆"。搪瓷物事好白相咪，辣个里向的知识丰富咪，侬对搪瓷了解哦啦？

雪：勿大了解。小辰光最多幼儿园里向分只迷你的搪瓷杯，赤刮辣新的辰光是蛮好看的。好咪，乃敲一记，"咣"，里向黑的就露出来了，像膏药一样的。

王：喏，讲起迭个搪瓷制品，葛有一句闲话的，真叫十二月里的桃子——熟透熟透。因为为啥？作为一个上海人，侬呒没接触过搪瓷制品，辣个是勿可能的。上海人的生活当中，廿四小时离勿开搪瓷制品的。侬想，早上起来，刷牙齿用的是搪瓷杯；吃牛奶用的是搪瓷杯子；吃饭的饭碗，交关饭碗老早侪是厂里发的，厂里发的饭碗板是广口的，是搪瓷的；吃茶的茶杯，大大小小侪是搪瓷的。

雪：哦，我想起来了。还有揩面的面盆也是搪瓷面盆。

王：哎！乃末侬记起来了哦，揩面也是搪瓷面盆，甚至大号的、可以汏浴的浴缸也是搪瓷的。夜里瞓觉前头又要刷牙齿，又要碰着搪瓷的，所以讲搪瓷的物事，是家家人家用得着，家家人家侪有的。

雪：王老师，还有一个，痰盂罐也是搪瓷的。

王：我还没讲半夜里咪，廿四小时，只讲到夜里。乃末半夜里"两只桶"，侪叫"要紧桶"。一只大,一只小,大小便板要用的。痰盂罐、马桶也用搪瓷做的。当然勿是百分之一百人家屋里向的马桶侪是用搪瓷做的,也有搪瓷做的方便器皿。搪瓷在生活当中必勿可少,所以搪瓷辣样物事,家家人家屋里有的。从前侬到辣家人屋里去看好咪,我研究过的,搪瓷多的人家,说明几个问题,第一个,生活条件好。因为为啥呢?伊配备的生活用品多啊,各种各样的,搪瓷的砂锅,搪瓷的碗,搪瓷的盆子。第二个,迭家人家屋里先进工作者多。因为从前假使侬屋里有职工在工厂里工作的,到每年年底板会评先进。评着先进钞票勿好发的,发仔钞票"金钱挂帅",发啥物事?发一本证书,一只奖章。实物呢,也有一样物事,那就是茶杯。所以辣种茶杯上头侪印好的,某某厂几几年先进工作者,蛮光荣的,辣种杯子人家勿舍得用的。我记得若干年前,阿拉剧团20周年团庆,阿拉曾经征集过一样物事,啥物事呢?阿拉征集20年前,阿拉剧团曾经发过的一套"吃饭家生":两只碗,一大一小,大的盛饭,小的盛菜,一只茶杯,三样物事,迭个叫"吃饭家生"。迭个"家生"要紧了,结果寻了一圈之后,介许多职工当中,只寻着一套。所以侬去看,迭家人家搪瓷家生一多,两点有了:屋里生活条件好,屋里先进工作者多,说明比较"扎至",上海人叫殷实人家。而且呢,每家人家侬去看好咪,迭家人家有两样物事是好的,新的,板说明迭家人家有喜事。

搪瓷茶杯奖品

结婚礼品:搪瓷用具

雪:哦,面盆。

王:还有痰盂罐。面盆、痰盂罐赤刮新的,跑进去看,板是屋里有喜事。因为迭个辰光送礼,侪是送面盆、送痰盂罐,来得实用的。葛末也有一点,侬也送痰盂罐,我也送痰盂罐,又吭没讲好,结果呢?

雪:屋里向痰盂罐"潽"出来了。

王：诶，乃末尴尬了，夜里一看侪是痰盂罐，屋里向又小，送的物事侪是雷同的。所以人家屋里结婚的辰光，侪是送搪个搪瓷的痰盂罐、面盆，多是多得勿得了。乃末迭个面盆确实漂亮，可以讲四个字：爱不释手。因为面盆的生产当中有一个环节，就是画面盆。当然伊勿是一只只画上去的，伊是流水操作的。当时上海画院有一批大画家，也深入生活，到搪瓷厂去劳动。所以设计出来的物事独特、实用、漂亮。根据器皿的大小设计勿同的图案，而且配上去好看得勿得了。

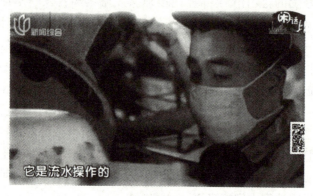

画搪瓷面盆

雪：王老师拨侬讲起来，我倒想起来了，老底子阿拉的搪瓷面盆，我印象当中有金睛鱼，画的金睛鱼。乃末这水一摆，早上揩面的辰光，真的就像看到金睛鱼在游一样，所以迭辰光一天的心情就老好了。

王：对，侬想想看一只面盆，本体颜色是白的搭仔天蓝的，就像河浜里的水一样的。里向一条金睛鱼，一点荷花，搿个看了之后就赏心悦目。面孔揩上去之后，焐心得勿得了，清凉了对哦，所以迭个是聪明的地方。乃末搿批物事是宝贝，如果有只好的搪瓷器皿能够摆到现在看看，真可谓是一种历史的记录，上海人集体的记忆。

雪：但是我也勿晓得为啥体，因为上海人对搪瓷，实际上还是有小辰光的记忆的，为啥现在搪瓷寻勿着了呢？

王：我问过人家的。我讲上海哪能搪瓷厂也呒没了呢？人家讲，一个是产品升级换代，搪瓷的产品勿受欢迎了。另外一个，搪瓷搿种物事制作的辰光有"三废"，对城市有污染，所以上海勿生产了。所以物以稀为贵，搪瓷的物事

落后的搪瓷生产

一少,反而觉着稀奇了。

有一趟我的朋友请我吃饭。伊讲我有一个朋友开了一爿饭店,想请侬去吃饭,我讲我勿吃。伊讲侬做啥,搭架子?我讲勿是的,我身体勿好,甘油三酯太高了。吃得人介胖,身体勿好。伊讲"啊呀,侬去看看,勿会失望的。侬就勿吃,去看看","弗个也忒尴尬了,吃嘛又勿好吃,叫我看有啥看头"。伊讲"侬勿会失望的,有几样物事侬会欢喜的","啥物事啊?","一点'家生'孅了勿得了",我讲我去吃饭,又勿是去"吃家生"的。伊讲侬去看了就晓得了。乃末伊硬劲拖牢我,我跑去一看,一只饭店布置得蛮好,蛮新奇的。跑进去勿像一家饭店的格局,进去弗搭是一只冲床,弗面有一只刨床,弗面两只五金台子。

雪:就像老早工场间一样。

王:就像车间一样。我讲弗个像车间嘛。伊讲对了,侬聪明。乃末我感兴趣的两样物事拨我看见了。一只是搪瓷的家生,有盆子,有杯子,还有饭盒,铝合金的饭盒。饭盒了呢,炒鳝糊、八宝辣酱俉装在迭个里向。菜的味道哪怕一般,但是伊的器皿已经吸引侬了。特别是两只杯子,小小的,上头还烧了两句比较幽默的言话,比方讲"不孝儿子我们不招待""怕老婆的这里不招待""只用支票消费的我们不招待",比较幽默,一记头引起了美好的回忆。说明搪瓷制品在老百姓的脑子当中还是印象深刻的。所以上海建了一只博物馆,叫搪瓷博物馆,我想冲着介许多有文化底蕴的产品,阿拉去看看也是值得的。

上海好白相

荡马路:淮海路

(以下嘉宾主持王汝刚简称"王",嘉宾主持刘舒佳简称"刘")

王：国庆《新闻坊》，"闲话上海"听我讲。阿拉拗趟开始搞一个系列节目，叫"阿王陪侬荡马路"。就是让观众朋友跟着阿拉一道荡马路，看看街景，听听故事，品品上海味道。

刘：葛末，国庆的辰光阿拉来荡马路。拗条马路老闹猛的嘛！

王：啥个路呢？

刘：淮海路呀。

王：讲起淮海路，上海人侪晓得的，全国人民侪晓得，这条街小姑娘最欢喜了。

刘：诶，又时髦又好买买物事、吃吃物事，老嗲的。

王：但是侬晓得哦，迭两面的弄堂里向有交关故事。侬看，对面——淮海坊，里向故事老多的。

刘：阿拉去看看。

刘：王老师，拗搭的房子跟弄堂好像搭阿拉一般性的石库门看上去有点勿大一样嘛？

王：侬看迭个格调，阿有外国人的情调？

刘：对，有点 French，法国的拗种情调。

王：侬要晓得，淮海坊建造于1924年，是教会投资的，因此有外国人的情调。统一的红墙面、小烟囱，迭个房子阿是别具一格？而且在此地住过的名人交关多，侬看我身后，是文学大师巴金先生的旧居，巴金先生在1937年到1955年就住在此地。伊的"激流三部曲"：《家》《春》《秋》，《春》《秋》两部就是此地完成的。《寒夜》《团圆》迭几本书也是此地写的，所以伊的创作在拗搭，迭个辰光邪气旺盛。

谈谈身边事,回到老辰光

年轻时的巴金

许广平和周海婴(幼年)

刘：葛末王老师,侬搭巴金先生认得哦啦?

王：巴金先生是我心中一块丰碑,德高望重,但是侬要见伊一面勿容易的。有两次机会侪错过了,说明我搭伊是呒没缘分了,但要讲呒没缘分倒是有缘分。后来,伊囡儿李小林老师交关好,我要求伊,我讲能勿能在我一本书当中,请巴老搭我签个名。诶,拿去了,过了几天交拨我,上面写得老清爽:"汝刚同志,冬天过去了,春天还会远哦? 巴金",日脚签好。所以迭本书我当宝贝一样囥到现在,啥辰光侬到我屋里向来,我拨侬看一看。顶多看三分钟,辰光长了纸要脆脱的,晓得哦? 勿是我小气,真的!

刘：葛末,侬刚刚讲辣搭住了交关名人,除了巴金先生以外,还有啥人住在辣搭呢?

王：鲁迅先生的夫人许广平也住在此地的,巴老住在59号,伊拉住在64号。许广平先生是从1936年开始就住到此地,带着伊的儿子周海婴。我搭侬讲,若干年前头我来过的。而且我搭两个老邻居还有过招呼,阿拉去看看,伊拉勿晓得认得出我哦?

淮海坊居民：王老师,侬哪能今朝到辣搭来了?

王：这位大姐果然认得我,大姐,我今朝想看看许广平先生原来住过的地方,侬陪阿拉去看看吧!

淮海坊居民：好的。

刘：王老师,葛末㑚能会

周海婴的老邻居

认得的呢?

王: 事体是辀能的,周海婴先生搭我的老师笑嘻嘻比较熟。有一趟到上海来,本来想请我老师一道去参加伊的摄影展览会,勿晓得我的老师已经去世了,寻到我迭个学生代替我的老师去参加伊的摄影展览会。伊老热情的,带我到此地。伊讲,迭个是我的亲眷屋里,乃末辀能碰着大姐了。伊是侬亲眷是勿是?后来好像伊身体勿是老好,伊老欢喜上海的。

淮海坊居民: 伊邪气欢喜上海,就是搭侬碰头后头,后头呢伊还是想到上海来,结果伊就到火车站去买火车票了。火车票买好回来,就觉着身体勿是哪能好,觉着勿适意,就到医院里去看医生去了。后头医院里医生就让伊住院,勿拨伊出来了,乃末毛病一直生到走脱为止。

王: 老突然的,所以阿拉讲起辀桩事体,心里也蛮辛酸的。当时辰光,情况我还历历在目,伊老热情地招待阿拉,告诉阿拉隔壁就是许广平先生的屋里向,现在就是这间房子64号。

刘: 诶,上头写着"许广平旧居"。

王: 《鲁迅全集》就在此地出版的,在此地编辑的,所以辀幢房子承担的责任老重,侬想想看哦。

刘: 王老师,阿拉荡马路荡了介许多辰光了,我有点肚皮饿咪。想吃中饭。

王: 吃"中饭"啊,"中饭"没吃的。要末吃"西菜"。

刘: 走,阿拉去吃西菜。王老师,阿拉现在是在红房子西菜馆。葛末,为啥要叫伊"红房子"呢?

王: 是辀能的,迭个饭店历史比较悠久,是在1935年就开设了,当时叫罗威饭店。后来到了上世纪50年代初,外国人相继离开了,有个上海人拿辀只饭店盘下来了。明明是中国人的饭店,取外国人的名字也勿大像样,葛末迭个饭店究竟叫啥名字呢?迭个上海老板也是煞费苦心,勿晓得,迭个辰光一个"救星"来了。是啥人呢?也就是迭个饭店的常客,京剧大师梅兰芳。梅兰芳讲了,侬晓得哦?人家侪讲侬迭个房子因为是涂了红的颜色,远远就看见了,所以上海人啥人会叫侬外国人名字,侪叫"红房子",我建议侬也就叫"红房子西菜馆"。老板一听,好的,哦哟,红房子西菜馆,外加还是梅兰芳大师建议的,因此跑去注册。一注册,马上成功,所以这饭店从1935年开到现在,呒没

谈谈身边事，回到老辰光

中断过。

刘： 哦，箇个历史介悠久，阿拉现在就要尝尝看伊菜的味道喽。

王： 侬看，一杯红茶，罗宋汤，炸猪排，箇几样物事是在此地红房子吃西菜的标配，吃吃看。迭个菜，厨师老聪明，特别是中国的厨师，山东人。伊拿俄式的罗宋汤，到了上海之后作了改良。迭个里向原来放一样物事，叫红菜头，像红萝卜一样，拿伊切开看血血红的。

刘： 箇个现在看好像呒没吗？

王： 现在呢，就拿红菜减少，颜色勿够加番茄酱，箇能一来色香味更加浓了，浓郁了之后，受到大家的欢迎，吃吃看味道哪能？

刘： 好！

王： 我在想，炸猪排如果是蘸米醋，像吃生煎馒头；假使蘸芥末，像吃生鱼片，只有蘸辣酱油最正宗。

刘： 王老师，迭个地方我认得的呀，国泰电影院。

王： 对，国泰电影院历史悠久，伊建造于1932年，由美籍广东人花了15万法币建造成功的。当时开张的辰光叫"国泰大戏院"，箇只戏馆热闹得勿得了。后来在抗战的辰光，有人胆子大啦，把电影院挖了四个洞，蹲在里向养马。

刘： 真啊？

王： 侬晓得啥人啊？

刘： 啥人啊？

王： 日本侵略者。后来抗战胜利之后，一直到新中国成立，把伊彻底改造之后，恢复叫"国泰电影院"。2003年重建，现在设施老好的。

刘： 葛末阿拉进去看只电影哎。

王： 好的呀。

刘： 王老师，今朝阿拉荡马路，像看电影一样的，又有得吃，又有得白相，老嗲的！

王： 有劲哦啦？

刘： 嗯。

王： 葛末搭侬讲，箇个是第一集，阿拉是一个系列节目，每天陪侬荡马路，越荡到后面，味道越好。

刘： 所以请观众朋友一定要锁定阿拉《新闻坊》。

荡马路:华山路

（以下嘉宾主持王汝刚简称"王"，嘉宾主持林奕扬简称"林"）

王：国庆《新闻坊》，"闲话上海"听我讲。今天带侬荡华山路，华山路景点老多的，勿晓得侬欢喜阿里一个景点？

林：华山路整个侪老漂亮，老幽静的，讲到风景好的话，我老欢喜丁香花园的。

王：丁香花园啊，大名鼎鼎，就在前头勿远，阿拉去看看吧。

林：王老师，我觉得丁香花园真的老灵的，辣个环境真的老雅的，上海人侪欢喜优雅的环境，而且我觉得名字也起得好，丁香，丁香，听上去一股花香好像已经闻到了一样。

王：葛末侬晓得"丁香"两个字从何而来呢？

林：是因为地方吗？地名吗？我也勿大清爽。

王：葛末我搭侬解释哦，辣个花园叫丁香花园，它原来是北洋大臣李鸿章的别墅，李鸿章有个姨太太叫丁香，辣幢花园就是以伊命名的，总共有三幢花园别墅，其中一号楼就是李鸿章搭仔丁香住过的地方。

林：所以讲，李鸿章当时就是住在辣个地方，是老有历史故事的。

王：喏，看见哦，迭个房子就叫孙家花园。

林：辣个孙家花园和阿拉刚刚看的丁香花园有勿有关系啊？

王：孙家花园和丁香花园，辣句话是辣能讲的，既有关系也没关系。因为迭个孙家花园是两兄弟造的，两兄弟住的，一个叫孙多森，一个叫孙多鑫，是伊拉的私人住宅。葛末孙家花园的主人做啥生意呢？伊拉在上海开了一爿阜丰面粉厂，因此伊拉号称"面粉大王"，也就是讲迭个房子是"面粉大王"的住宅。葛我问侬，辣幢房子和丁香花园有关系吗？

林：辣个好像是没关系。

谈谈身边事，回到老辰光

王：没关系啊？没关系还是有关系的，侬要晓得丁香花园哪能来的。丁香花园的主人是北洋大臣李鸿章，因为李鸿章热衷于搞洋务运动，像上海交关企业特别是工业方面的企业，伊来指正的，因此伊经常到上海来。到仔上海来总归要有地方忓的喽，因此，盛宣怀就帮伊置办了一所洋房，就是丁香花园，丁香花园是美式建筑。葛末辩幢房子搭孙家花园有啥关系呢？原来孙家的外公，就是李鸿章的阿哥，阿是有关系啊？所以路勿远，好经常往来的。

林：王老师，后花园的故事真的蛮多的，蛮好听的。

王：当然喽，后花园的故事远远勿像侬所想象的"落难公子中状元、私订终身后花园"，故事交关传奇。沿着辩条华山路，前面还有好几只花园。

林：走，王老师带我去看看。

李鸿章相关资料

林：王老师，侬勿是讲继续看后花园吗？阿拉兜兜兜兜，哪能兜到华山医院来了？

王：医院和花园好像勿搭界的是哦？乃末我告诉侬，在华山医院里向呢别有洞天，有一只邪气漂亮的花园，喏，在辩面。

林：王老师，辩只园林真的是老漂亮的，有点苏式园林的感觉。

王：啊呀，辩只园林真叫是在上海闹市区，养在深闺无人识。其实，辩只园林已经历史老悠久了，侬看里向的绿化，迭个紫藤已经100多年了，而里向的建筑是仿苏州园林，但是伊个草坪却是欧式的，真所谓讲是中西合璧的一个花园。迭个里向有一只老凄美的故事。从前辰光上海滩有一个地皮大王，叫

上海好白相

周纯卿,伊有一个囡儿,迭个囡儿得了一种毛病,当时讲起来是勿治之症,医生宣判伊"死刑"了。辩个毛病摆到现在,特别是摆到阿拉此地,现在的华山医院,根本是小菜一碟。啥毛病呢?是肺结核。从前辰光碰到肺结核,勿得了,痨病鬼,葛末哪能办呢?周家为了辩个囡儿煞费苦心,当时医生搭伊讲的,肺病病人一定要呼吸新鲜空气。周纯卿自己做房产的,花仔巨资,买下了迭块花园,总的面积有23亩,迭个里向给小姐住在此地养病的,呼吸新鲜空气,看看好的风景,调理伊的身体。

林:葛末肯定心情蛮愉快的。

王:但是勿一定,伊毕竟毛病比较重,当时辰光,迭个毛病没办法治疗好。再讲呢,侬让一个小姐蹲在一个园林当中,一家头也蛮恹气的呀,假使伊的爷娘当时想得开,阿拉瞎讲讲,思想开放一点,有一扇窗,外头看看,还有男青年来求爱,玫瑰花、求爱信,说勿定心情还好点。但是伊一家头蹲在此地,忧忧郁郁,毕竟迭个毛病蛮严重,后来辩位小姐还是"走脱"了。葛末周家非常伤心,辩座花园没挽留住伊拉囡儿的生命,因此到后来把辩只花园再转手卖脱,现在又成为了阿拉上海华山医院的后花园了。侬看现在对外已经开放了,特别是交关病人能够在此地调养身体,能够呼吸新鲜空气,侬看辩面一对一对侪是家属陪同下的病人,推着轮椅,对伊拉的身心是大有好处。所以辩只花园现在作用是相当大,勿是一介头而是大家的财产。

林:拿辩个爱扩大了,给大家用。王老师,我也是第一次晓得,华山医院当中有介好一只园林,而且有介凄美的一个故事。

王:希望辩个园林能够保持得更加好一点,现在看看已经老好了。迭三只花园不过是上海花园的一小部分,在上海还有好多好多的花园,辩个说明阿拉上海是个文化底蕴相当深厚的地方,通过阿拉白相公园,通过阿拉荡马路,能够更加热爱上海。

荡马路:衡山路

（以下嘉宾主持王汝刚简称"王"，嘉宾主持刘晔简称"晔"）

王：国庆《新闻坊》，"闲话上海"听我讲。辣条路啥个路,晓得哦？

晔：衡山路呀。

王：今朝阿拉就荡衡山路。

晔：衡山路嗲个。

王：欢喜哦？

晔：邪气欢喜。

王：为啥？

晔：迭个两旁边种的梧桐树，侬想夏天走走，老阴凉的，现在秋天马上要到了，又老浪漫的。

王：对的，迭个"荡马路"确实浪漫的。侬看，现在望过去，太阳透过叶子晒下来，满地碎金，是漂亮。再讲，辣面过去是淮海路，辣面过去是徐家汇，侪是商业区，辣个地方真所谓闹中取静。辣幢小红楼看见哦，去看看？

晔：好的。

王：辣幢房子漂亮哦？辣个小红楼过去的辰光，是法国人办的百代唱片公司。

晔：辣个是老有名的，但是勿晓得伊就在此地。

王：过去辰光范围还要大一些，阿拉现在立的地方是只花园，曾经有交关名人在里向录制过唱片。过去辰光唱片销路相当好，因为过去辰光的设备也没有像现在介发达，所以家里有留声机是蛮吃价个，有仔留声机要买唱片。所以交关大师在辣搭录过声音的，像梅兰芳、谭鑫培迭些京剧大师，还有一些音乐大师侪在此地录过唱片。特别出名就是有首歌也是在此地录音的，侬晓得哦？

· 78 ·

上海好白相

徐家汇绿地小红楼老照片

晔：诶，刚刚前头在外面走的辰光，我还看到了，特别写的。就是有一只老有名的电影当中的主题曲——《义勇军进行曲》，也就是阿拉后头的国歌。田汉写的词，聂耳谱的曲，就是在此地录的。

王：所以，当时上海唱片公司有好几家，伊是非常著名的一家。提起百代公司，赫赫有名。所以我以前听阿拉曲艺界的老前辈讲，"某某先生了勿起，啥辰光灌唱片去了"，当时灌唱片是邪气荣耀的。

晔：百代唱片公司介有名，葛末后来呢？

王：新中国成立以后，辫搭就成立了叫中国唱片厂。到了上世纪80年代初，就改为中国唱片公司上海分公司，辫个辰光业务蛮忙的，我也来过的。

新中国成立初录唱片

· 79 ·

谈谈身边事，回到老辰光

晔：王老师来做啥？

王：我来录盒带，我和李九松老师录盒带，觉着蛮光荣的。为啥呢？阿拉也灌盒带了，也有录音了，留下了声音。所以我记得，当时辣搭外头有墙头。我印象特别深刻，搿个辰光的唱片厂业务繁忙，车间非常多，既有生产胶木唱片，还有一种是塑料唱片，薄嘛薄来西的，迭个是普及版的。介小的唱片，上头照样声音老清晰的，另外有盒带和录像带，所以里向我特别印象深刻。

晔：王老师，听侬迭个故事一讲，我对搿幢红楼更加感兴趣了。

晔：王老师，侬勿是讲带我荡马路吗？哪能荡到居民新村来了？

王：侬勿要觉得迭个是居民新村，搿个新村有悠久历史，叫爱棠新邨。在搿个弄堂里向，曾经有过一家影业公司，老有名的，叫昆仑影业公司。迭个影业公司出了交关名人，出了交关好的作品，其中名导演有史东山，有郑君里，有蔡楚生，伊拉导演交关好的片子到现在仍是脍炙人口。比如讲《一江春水向东流》《八千里路云和月》《万家灯火》《丽人行》《三毛学生意》，而且有一部片子我老欢喜看的，叫《乌鸦与麻雀》。赵丹先生主演的，就是此地的公司（拍的）。迭个里向，哪能要去看看哦？

晔：迭个当然了，王老师。走，去看看。

王：我一讲，女孩子勾起了明星梦，也想当明星是哦？葛末阿拉去看看爱棠新邨。

王：刘晔，侬看，此地的房子各有特色。

晔：走在搿搭老有味道的，就能够想象当时伊拉在搿搭拍电影的场景。

王：对，所以阿拉老电影当中看到迭个之后，侬稀有个印象。新中国成立以后，迭个昆仑公司和其他几家私营的电影公司合并起来了，成立了上海联合电影制片厂。到了1953年，大家捏在一起，就成立上海电影制片厂，一直到现在。

王：刘晔，葛末电影拍好之后总归要放的，于是要寻到电影院咪。葛末今朝我带侬到一家电影院去看看，就在此地，侬看，衡山电影院。

晔：小辰光一直来看电影的。

王：衡山电影院啥辰光造的晓得哦？搿个是阿拉新中国成立之后，上海

造的第一家电影院,日脚是 1951 年。当时一部分是国家投资,另外一部分是居民自己集资,造了辣能的公共文化设施。因此辣种行为感动了陈毅市长,陈毅市长为伊题名叫衡山电影院。

眸:后来,伊辣搭翻新过之后,阿拉也一直到辣搭来看电影的。虽然讲伊里向内部变得比较新了,硬件设施也好了,但是伊个味道还是在的。

王:对,辣只电影院我觉得,虽然讲介许多年数过去了,因为伊当时造的辰光设计比较合理,门口有迭样一块空地,所以侬在荡衡山路的辰光,到此地喝喝咖啡,看看电影,真的配套个啦。

眸:嗯,情调老好,王老师,侬今朝带我"荡马路",又听又看,文化之旅。

王:好白相哦啦?上海好白相的地方多了,明天再带大家到其他地方去。

荡马路:番禺路及周边

（以下嘉宾主持王汝刚简称"王"，嘉宾主持刘舒佳简称"刘"）

王：国庆《新闻坊》，《闲话上海》听我讲。今朝是"阿王陪侬荡马路"，荡搿条马路，啥路晓得哦？

刘：搿条嘛，番禺路呀。

王：对，今朝就带侬荡番禺路。侬勿要看吭没啥热闹，藏龙卧虎的。对过弄堂里向有一个外国朋友，讲出来赫赫有名！

刘：真的啊？

王：去看看外国朋友！

刘：王老师，侬讲的就是搿个外国人？

王：迭个外国朋友叫邬达克，我对伊比较熟悉。

刘：搿个哪能会熟悉呢？让我看看，伊比侬大老多。

王：熟悉嘛，勿一定我搭伊面对面认得，哪能一桩事体呢？因为我父亲就是以前自己开营造厂的，因此伊有一个茶会。所谓茶会，就是坐在一道大家吃茶的。小辰光伊还带我去吃茶，搿批营造厂的老板谈天讲地，在谈论当中，也经常会谈到邬达克，所以我对伊有所了解。迭个人，是匈牙利人，但是在战争的辰光，伊被俄国人俘虏了。伊邪气聪明，语言能力很强，很快用俄语搭押送伊的士兵、军官交上朋友了。人家对伊眼开眼闭，后头来也可能是索性放伊一马，所以在乘火车走的辰光，居然被伊逃脱了。逃脱之后运气老好，走到码

邬达克年轻时照片

头上看见一只船,也勿管三七二十一,也勿管啥国籍,上了辣只船。勿晓得辣个是只日本船,一开开到阿里呢?开到了上海,迭个就是缘分,于是伊在上海落脚了,上海搭伊的缘分真是不浅。

刘:侬刚刚讲,上海有100多幢伊的作品,我其实对伊的作品也稍为有点了解的,比如讲国际饭店,还有武康大楼,葛末其他还有些阿里呢?

王:多咪,比方讲吴同文公寓,讲吴同文公寓交关人勿晓得,讲"绿房子"大家侪晓得。上海有两幢房子顶出名,以颜色命名,一个叫红房子是妇产科医院,一个是绿房子。吴同文是做颜料的,颜料大王,伊阿里只颜色最出名呢?军绿色。吴同文认为绿色的颜料是个幸运色,对伊特别感兴趣。邬达克搭伊设计房子的辰光,就用了绿颜色,用绿色的油砖做了房子的外墙,所以辣幢绿颜色的房子,被上海人称为"绿房子"。一看就晓得,就是邬达克的设计,伊多少聪明啊!阿拉现在的所在地,就是邬达克自己的屋里向。关于辣幢房子呢,造好后,上海市民一看,哦哟,邬达克屋里漂亮,做了一个活广告,所以有钞票的人侪请伊来设计。在圈子当中也流传一种说法,当然是民间说法,讲邬达克迭个人算计得好,伊自己造的辣幢房子,用的钱是最少最少最少了。除了人工,几乎吭没用啥铜钿呀。

邬达克故居

刘:辣个哪能好勿用钞票呢?

王:辣句话人家听勿懂咪,但是内行一讲拨侬听,侬就晓得。翘大拇指,有本事!

谈谈身边事,回到老辰光

刘:箇只故事侬要帮我讲讲。

王:阿拉进去看看,一看侬就晓得。

刘:走!

王:侬看,迭个房子用的料是真材实料,迭个是柚木的,几化粗啊。箇扇门,雕花的柚木门,看上去多少漂亮,多少细腻啊,迭个老价钿啊。

刘:王老师,侬刚刚勿是讲呒没用啥钞票吗?侬现在又讲"老价钿"。

王:"老价钿"是讲迭个房子造造老价钿,但是伊袋袋里向摸出去呒没几钿呀。有个办法的呀,八个字:精打细算,废物利用。伊是建筑师,伊造自己家里的辰光,脑子一拍想出来了,造迭个国际饭店的辰光,好像还多交关砖头,砖头搬过来;造吴同文别墅的辰光,好像多几根料作,几根料作拿过来。经过拼拼凑凑,一幢房子出来了,所以叫伟大的建筑师。箇根梁,刚好箇点尺寸正好。竖过来勿来三,就横过去了,而且迭个横梁一放之后,还有一个好处,侬看箇几根小的柱子,从箇面到箇面要多长啊,被伊当中一搁,长料作勿要伊了,只要用短料作就可以了。

刘:侬也很会算的!

王:我搭侬讲,我迭个侪是听来的,有一点道理的。就讲箇扇门吧,箇扇门孅哦?箇扇门是迭个一间房间里向,唯一一件复制的文物。真的物事到啥地方去了呢?在1947年的辰光,邬达克离开了中国,伊临走的辰光,带走了两样物事,一样就是箇个一对门,另外是一个汏菜的台子,迭个两样物事带走了。葛末为啥带走呢?也勿晓得,但是从伊一贯的作风来讲,大概是我刚刚讲的八个字:精打细算,废物利用。㑚勿要讲我瞎猜猜,倒被我讲对了,有专家告诉我啊,箇个两扇门真的找到了。在啥地方呢?在伊加拿大的小儿子家里。侬看,人家多少做人家,也说明哦,伊对上海箇个地方是老眷恋的,带了一两样物事,是对此地的一种纪念。侬讲对哦?

刘:王老师,刚刚看了邬达克的房子,我总结出来一条,邬达克造的房子侪老小巧玲珑,用料又少,物事又嗲。

王:侬勿对了!伊箇个是造自己的房子,做人家呀,造人家的房子又勿用伊铜钿。我箇能解释也勿大对,箇样子好哦,阿拉去看一幢房子,迭幢房子又大又好。孙科故居,孙科晓得哦?

刘:就是孙中山的儿子。

王：搿个房子看过，呒没闲话了。

刘：哦，嗲！

王：舒佳，我搭侬介绍，搿个是孙科故居。阿拉看搿幢房子规模相当大，而且装潢用料邪气考究。阿拉别样勿要讲，单讲走廊上面的护墙板，侬看迭个护墙板。除脱护墙板之外，外面还有装饰的一层，迭个一层侬看看，用了多少料作？凭我眼光去目测，迭个宽度几乎 18 到 20 寸，厚度起码是 4 公分。因为伊当中有一个弧形的，如果吭没迭点厚度，做勿出搿样的坡度。用料是相当讲究，而且相当费料的，搭刚刚搿幢房子截然相反。但设计呢？同一个人设计的，道理蛮简单的，勿是用伊的钞票。哈哈，开开玩笑咪，看看。

刘：葛末搿样子看来，王老师，邬达克造的房子侪是拨有钱人住的。

王：葛也勿好搿能讲，阿拉从伊留下来的 100 多幢在上海的建筑来看，伊的门类很多。既有为达官贵人造的私人住宅，同时也有公众用的医院、戏馆、饭店等，甚至伊还造过许多里弄房子，搿个是对普通市民所开放的。就在搿搭附近的新华路，就有伊为老百姓造的新式弄堂，当时被人称为"外国弄堂"。

刘：葛末，搿只外国弄堂有点啥故事呢？

王：喏，去看看。

王：虽然讲邬达克勿是中国人，但是伊在上海生活了介许多年数，拨迭个城市留下了介许多精美的建筑，所以阿拉直到现在还在提到迭个名字。

刘：阿拉真的要谢谢伊了。

荡马路：杨树浦路、复兴岛

（以下嘉宾主持王汝刚简称"王"，嘉宾主持陈蔚简称"蔚"）

王：国庆《新闻坊》，"闲话上海"听我讲，又到了"阿王陪侬荡马路"的辰光了，辣档节目侬看过哦？

蔚：前两天的节目我还正好看了一看，王老师，侬带伊拉俉去了老小资的或者老文艺的地方，今朝侬带我到啥地方来呢？

王：阿拉此地是杨浦区，杨浦区是上海重要的区域。

蔚：是的，老大的。

王：辣条马路也就是辣条街，称为上海的第一工业街。

蔚：杨树浦路？

王：对，迭个里向好看的物事多咪，上海像只万花筒一样，样样啥物事侪有的，在此地还有一幢中世纪的"古堡"。

蔚：古堡啊？古堡我感兴趣的，王老师快带我去看看。

王：还好是日里来，夜里来作兴还有"古堡幽灵"，开开玩笑，勿会有的。

蔚：王老师，侬讲的"古堡"就是辣搭啊？辣个勿是杨树浦水厂吗？

王：一点也勿错，辣搭正是杨树浦自来水厂。葛末自来水厂啥辰光有的呢？辣个历史已经有一百三十几年了。从前辰光阿拉上海的居民勿管是在租界里也好，在华界里也好，吃水主要靠啥呢？一个是河浜里的水，河浜里的水是最主要的；第二个是井水；还有一种是天落水，自己屋里大，天井里摆几只缸，天落水，就是落雨落下来的水也好吃的。葛末辣个水，是自己屋里再加工的。比方讲河里的水，自己挑到缸里向之后，摆一点明矾，等到一定的辰光，用竹子去淘一淘，淘到一定的辰光，龌龊物事下沉，上头的水就好吃了。

蔚：葛看来，辣个辰光河浜里的水还是蛮清爽哦。

王：辣个辰光河浜的水确实蛮清爽的，后来工业发展了，开始有得污染了,而且关键一点,上海人越来越多了。人一多,搿个水就勿够了,葛哪能办呢?由英商发起,成立了第一家英商自来水股份公司,搿个成立是阿里一年呢?就是1880年。葛末1880年过脱一年,1881年开始筹建杨树浦自来水厂,一直造到1883年的6月29号,迭个厂已经全部落成。迭个辰光,迭个放水开闸的仪式相当隆重,是请了北洋大臣李鸿章亲自来打开自来水龙头。搿只阀通了之后,整个上海就有自来水了。

蔚:葛吭没想到,到现在介许多年数咾!

王:一百三十几年了,还保持得介好。侬看迭个房子,是阿拉中国人造的,但是是英国人监造的。

杨树浦水厂

水厂内景

蔚:王老师,今朝到了搿个自来水厂,侬带我进到车间去看看好哦啦?

王:参观自来水厂?搿个是勿来三的。

蔚:为啥?

王:讲只笑话拨侬听听,从前迭个自来水厂刚刚落成的辰光,老百姓勿晓得,里向头跑勿进去的,在玻璃窗外头看。看一看,外头出去讲了,"哦哟,外国人'辣手',黄浦江里的水勿要钞票的,经过伊拉的机器要收钞票了,贵得勿得了"。其实伊拉勿晓得,当中有许许多多的工序。侬看搿幢房子,几个字看见哦?

蔚:1882年。

王:诶,迭个也是阿拉杨树浦自来水厂第一只自来水车间,里向老灵光的,原汁原味。阿拉一记头可以穿越过去,到了1882年。

蔚:葛阿拉快点去看看叫。

谈谈身边事,回到老辰光

蔚: 王老师,今朝捱能看下来,捱只自来水厂还真的蛮有历史沉淀哦。

王: 勿仅有历史沉淀,而且它供水的能力也是相当惊人的。到1988年,它供水能够达到140万立方米。

蔚: 介许多啊?

王: 侬想想看,到现在为止,阿拉上海还有五个区,比如讲杨浦啊、虹口啊、宝山啊、原来的闸北等,五个区的200万居民的用水和厂里工业用水侪是依靠捱个厂的。

蔚: 葛真是蛮了勿起的,我觉得我勿但要自己来,我还想带屋里向人一道来。

王: 欢迎来参观,但是请大家注意,到此地水厂来参观要办一定的手续,也就是通过网络登记。每个号头有一天好对公众开放的,所以登记好到此地来,吭没登记的,蛮遗憾的,请侬下趟了。

蔚: 捱个应该有机会要来一道看看哦。

蔚: 王老师,捱个"古堡"白相好了,侬迭歇带我到啥地方来,捱个看上去像老厂房一样的嘛。

王: 一点也勿错,眼光好的。有一种工业革命的气息过来了,现在迭个是阿拉上海国际时尚中心。捱搭成为一个消费的地方,侬看来的人阿是老多的是哦?特别迭个房子。迭个房子的建筑已经老长远了,侬看阿拉的后头,朝东的地方侪是装着玻璃的。玻璃窗吭没啥稀奇,但是迭个玻璃窗勿是现在装的,是1921年就装了。因为侬要知道,迭块地方在新中国成立前头是东洋纺织株式会社,是东洋人的纱厂,新中国成立以后就是国棉十七厂。

蔚: 现在看看,老漂亮老灵的,捱能样子改装一下。

王: 最早拿迭个场景用到电影里去的,是阿拉大导演谢晋,伊曾经搭全国劳动模范黄宝妹拍过一只电影,叫《黄宝妹》,我倒看过的。改革开放以后,特别是在纺织工业调整以后,此地工厂吭没了,就变成了迭能一个消费的场所。现在成为了上海赫赫有名的国际时尚中心,勿少的名模在此地走

国际时尚中心(原国棉十七厂)

秀,勿少演员在此地演出,活动排得老多的。有的吃,有的看,有的带,老灵光的,成为了阿拉上海一个旅游新景点。

蔚:所以也是时尚新地标了。

蔚:王老师,在辫搭吹吹江风、看看江景,勿要太惬意哦。

王:好白相的地方还有老多,侬看,辫座桥叫"定海桥",它的旁边就是上海唯一的一座内陆岛。迭个岛上有一幢房子,迭幢房子虽然比勿上五星级宾馆,但是名气也勿小。

蔚:是哦?葛阿拉快去看看哦!

蔚:王老师,辫只复兴岛公园大是勿大,倒蛮有味道哦。

王:是的,侬看迭个建筑也老有特色的。

蔚:辫幢建筑看上去有点像日本人建筑的风格哦?

王:小姑娘的眼睛倒是蛮尖的,辫幢房子确实有和式的风格,辫个是为啥道理呢?因为在1932年淞沪战争之后,整个复兴岛被日本人所霸占了。伊拉在此地,辫幢房子就拨日本军官居住,因为是日本人,因此伊改造的辰光,是往日本的风格上去靠的。辫幢房子还有一个在历史上留下一笔的,就是后期,在1949年的辰光,蒋介石撤离大陆到台湾去,伊在上海,也就是在大陆的最后一夜天,是在此地蹲过的,伊在辫幢叫白庐的房子里蹲过一夜天。

蔚:一个钟头兜好了,阿拉从复兴岛又回到了辫搭,从历史回到了现实。

王:对的,虽然讲短短一小时,我觉得非常值得。阿拉在此地既看到了历史的积淀、工业的遗存,同时阿拉也看到了江边的美景,相信杨浦人民在此地生活,日脚会越来越好。

荡马路:苏州河沿岸

(以下嘉宾主持王汝刚简称"王",嘉宾主持刘晔简称"刘")

王:国庆《新闻坊》,"闲话上海"听我讲。今朝我带侬到苏州河旁边,让侬看看苏州河水,看看此地的景色,看看此地的老建筑。

刘:看样子王老师蛮有情调的,我也老欢喜此地的,夏天到了苏州河边上走走,还可以看看老建筑,多少好啦。

王:对对对,特别是此地的空气,侬觉着哪能?

刘:相当好呀。

王:河水呢?

刘:景色也老灵的。

王:对的,现在可以来的,若干年之前,白相苏州河要带一样物事的。

刘:啥物事啊?

王:口罩。再热的天也要戴口罩,因为迭个苏州河水又黑又臭,所以吓死人了。现在河道经过治理之后,侬看,当然还吽没到清澈见底的辰光,但是侬看里向有交关小的鱼在动,对哦?特别是两面的建筑,大家俈老欢喜看的。

刘:建筑我欢喜的,王老师。

王:葛末辯能,带侬去看看。

刘:王老师,此地我认得的,因为伊老有特点的,此地是上海邮政局和上海邮政博物馆。

王:讲得一点也勿错,辯幢房子也蛮有历史的。伊建造于1924年,当时用脱的银洋钿是320万,由英商思九生洋行负责设计,但是由我伲中国人自己的营造厂,叫余洪记营造厂负责修建。一出来之后就引起了轰动,特别侬看迭个营业大厅哦,可以称为是"远东第一厅"。

刘:一走进来,阿拉就有一种穿越了(的感觉),像回到过去的辯种辰光。

王：对，迭点建筑看上去，还是保持得老好哦。关于搿座大楼，作为上海人，对伊是记忆犹新，是有一只塔楼搭一只钟楼的。搿个钟、塔混为一体，在交关电影当中侪会出现，比如《战上海》《夜上海》，交关电影，拍到上海的，搿只建筑一定会出现。因为大家侪记得老牢，主要搿只塔楼造得比较雄伟，一目了然，矗立在苏州河的北岸。侬看伊上头，在搿下头一层是钟楼，钟楼有 13 米高，上头搿只钟有 3 米高。钟的上头还有一只塔楼，塔楼还要高，塔楼是 17 米，也就是讲，所有的附属建筑加起来有 30 米高。

邮政博物馆资料画面

邮政博物馆雕塑

刘：所以当时辰光，侬只要看到搿个邮政博物馆，搿栋楼，侬就会看到搿只塔楼搭搿只钟楼。

王：对，最主要在伊的两边，还有交关显著的一对雕塑，是古希腊的人物。虽然讲辰光长了，伊浑身上下侪是青绿，迭个青绿说明伊的年份，说明伊的沧桑感，但到现在还屹立在大楼上头，说明迭一对人物叫青春勿老。

刘：葛末伊的年龄至少有几百年上下喽？

王：顶好几千年，阿拉也希望，但是可以告诉侬一个事实，搿个一对是复制品，真正的原物已经遗失了。亏得当时辰光有一个美校学生，迭个人非常用功，伊曾经拿搿对雕塑用石膏做了一对模子，结果就根据搿对模子照式照样造了一对古希腊的人物，让伊屹立在迭个塔楼高头。所以搿个一对虽然讲勿是原物，但是伊是根据原物复制的。

刘：原来有搿能一只故事。王老师，侬带我看的迭幢建筑老有故事的。

王：哦哟，交关老建筑侪是有故事的，譬方讲侬身后搿幢房子，叫河滨大楼，也是有故事的。阿拉去看看好哦？

刘：好的呀。

刘：王老师，侬带我来此地，我晓得的——河滨大楼。侬勿晓得，前一抢有一只电视剧老红的——《我的前半生》，里向有一个女主角唐晶，伊就住在箇栋楼里向的。

王：对，箇幢楼相当有历史，伊建造于1935年。啥人造的呢？是一个叫沙逊的外国人，洋行里向的一个买办叫沙逊。迭个沙逊，上海人侪勿叫伊沙逊，可能伊的脚有点残疾，所以叫伊"跷脚沙逊"。箇幢房子是伊造的，1935年造了之后，没几年，大概1938年，世界上发生战争了，犹太人被纳粹追杀，因此1938年的辰光，欧洲的难民，所谓难民就是犹太人，逃到上海来避难，沙逊就拿箇个房子让拨了犹太人住。当时辰光，此地离黄浦滩近呀，黄浦滩每三个礼拜要来一只船，侪是来自欧洲，侪是难民，因此来了好几批人住在迭个里向。侬勿要看箇能一幢楼，曾经有人做过统计，在此地逃难的犹太人要达到8200多人。

河滨大楼外景

刘：所以当时辰光老多犹太人，对于伊拉来讲，箇搭是伊拉最安全的住的地方，对哦？

王：箇幢房子侬看交关坚固，外头看上去有伊独特的味道，而且侬从天上看下去，伊上头呈一个形状。

刘：怪勿得，阿拉现在因为在下头，我就觉得从外头看，伊的造型和一般性的房子造型勿大一样。

王：伊是英语的"S"，也就是"沙逊洋行"第一个英文字母。

刘：哦，原来介巧妙啊。

王：刘晔，侬看，此地就是四行仓库。

刘：就是此地，沿着苏州河边上一路走过来就到了。葛末王老师，啥道理此地要叫四行仓库呢？

王：因为迭只仓库由四家银行集资的，大陆、金城、盐业、中南，四家银行集资的仓库，叫四行仓库。

刘：王老师我注意到，侬看迭只仓库现在辣个外墙高头有交关枪眼，辣个是啥道理啊？

四行仓库外景

王：辣每一只枪眼、每一只洞，里向侪有可歌可泣的事迹。迭个故事要从抗日战争讲起，当时辰光，国民革命军第三战区88师524团的中校谢晋元团长，带领人马就守在四行仓库。伊守在四行仓库的作用是啥呢？能够保证88师安全地撤退到上海郊区，因此伊拉在此地起辣能的作用。迭个战斗从1937年的10月27号下半日，一直打到10月31号，打了整整4天，虽然讲只有4天，但是在上海的历史上留下了壮丽的一幕。因为当时辰光过河就是租界，因此交关老百姓通过租界看得到此地的，日本人每次要发起进攻的辰光，老百姓在对过就力挺谢晋元的部队，会告诉伊："当心，日本'乌龟'过来了喏！"

王：四行仓库一战，当时在上海是家喻户晓，当时辰光的人员现在晓得了，实质上只有 421 位壮士。谢晋元为了壮大声势，对外宣布阿拉有 800 个人，结果老百姓侪晓得的，八百勇士保卫四行仓库。因此搿个八百个人虽然战斗只有几天，但是老百姓的心被牵住了。四行仓库上面有一面旗帜，是阿拉中国人的旗帜烧毁了，而四周围侪是"太阳旗"，搿个"太阳旗"张牙舞爪，中国人看了，葛像啥样子呢！但是吮没办法让四行仓库楼上向中国旗子重新树起来，所以大家有搿个愿望，顶好上头有面旗子，但是吮没呀，哪能办呢？有一个小姑娘，只有 14 岁，叫杨惠敏，是个女童子军。伊的水性老好的，伊从苏州河游泳游过来，因为人小，在水底下潜水潜过来，把一面旗子交到了谢晋元的手中。谢团长激动万分，马上把旗子插在四行仓库上头，搿个旗子一飘，中国人群情激昂。

刘：王老师，侬今朝带我在苏州河边上一走，看了介许多建筑，最主要是了解了交关历史，大有收获。

王：是的，所以侬看看，现在一幢幢房子整修得介好，侬通过一些房子可以看到历史的沉重感，正义必然要战胜邪恶，黑暗勿会长久的，光明是永恒的。

锦江乐园好白相

（以下嘉宾主持王汝刚简称"王"，嘉宾主持刘舒佳简称"刘"）

王：周日《新闻坊》，"闲话上海"听我讲。

刘：王老师，我前两日到锦江乐园士林夜市去吃夜宵，我听到一只消息，讲上海最老的云霄飞车要停脱了。

王：侬是讲锦江乐园里向的艁只过山车要停脱了？

刘：是的呀。

王：侬好像依依勿舍。

刘：哦哟，我小辰光看到艁只云霄飞车，头昏。我就觉着，算了，大一点再去哦。乃末好了，大是大了，再也呒没去。

王：侬到现在还没去过啊？

刘：人家要停脱了。

王：侬也是蛮奇葩的，到现在为止人家要拆脱了，侬还没去过。

刘：是的呀。

王：乃末我告诉侬正确的消息，迭部过山车停是停脱了，搬是勿会搬走的。哪能桩事体呢？迭个锦江乐园里向的艁部过山车到现在为止已经32年了，赛过像一个人从小毛头开始，到32岁，已经要慢慢开始步入中年了。锦江乐园试营业，我记得蛮清爽，是1984年，到1985年正式对外开放，当时辰光上海滩引起轰动，侪想去白相的。一记头等到开放出来，有18只项目。艁18只项目当中，可以讲男男女女老老少少，板有侬欢喜的物事。侬假使身体好点的，胆子大点的，过山车；侬假使欢喜看远点的，大游览车，一圈上去，当时辰光旁边没啥大楼的，看下去一直好看到闵行，好看到黄浦江，甚至还可以看得再远一点。

刘：艁能讲起来还有点吓咗咗来。

王：一览无余，要胆子大。侬假使是老伯伯、老妈妈或者小朋友，胆子小，

· 95 ·

上去勿敢,索性下来。有旋转木马,迭个木马蛮慢的,一圈一圈的旋转木马也好白相的。

刘:辪个我白相过的。

王:所以各种各样白相的物事,两个字,刺激;再两个字,新奇。迭个四个字摆了一道,去的人就多了。

刘:王老师,侬辪能一讲,我觉着就像阿拉现在去迪士尼排队一样的。

王:对,辪个情况差勿多。白相下来大家觉着老开心的,蛮灵光的。也有一种反映,讲价钿太大,收费太高。

刘:是哦?辪个辰光几钿呢?

王:五角洋钿一趟。

刘:五角洋钿还贵啊?

王:辪个辰光物价两样的。1984年的辰光,看场电影只有几钿啊?所以过山车迭能兜一兜要收费五角,当时已经觉着贵了。葛末侬去了也勿见得白相一只项目的咾?侬假使头子活络,好白相三只项目的话,总归要一块多洋钿的花费,所以大家普遍反映,锦江乐园白相是蛮好白相的,开销太大了。

刘:是的是的,特别是带了小人去。小人讲:"妈妈,妈妈!辪个物事我要白相!"侬也勿好勿拨伊白相。

王:乃末迭个过山车咾啥呢,白相倒是蛮好白相的,但从来没乘过的人呢倒是吓的,一歇嘛顺势,一歇嘛逆势,颠来倒去的。

刘:心荡了辣海的。

王:人拨伊弄得来是天旋地转,没乘坐过的人当然是吓的。

刘:葛末王老师侬乘过勿啦?

王:勿瞒侬讲,我在国内没乘过,到日本去倒乘过的。为啥呢?当时日本的一支笑星队搭阿拉中国的一支笑星队一道比赛,在日本东京附近,有一个地方叫琵琶湖乐园。里向的设施搭锦江乐园几乎差勿多,日本人想是拨伊想得出。比方讲阿拉坐过山车做游戏,过山车在转的辰光,伊旁边有一座搭出

锦江乐园游乐项目

来的宝塔，一层一层的，每层上立好一个女的，手里拿块牌子，穿着三点式，牌子上或者画一只苹果，或者画一只生梨，或者画一只橘子。等到侬山车转的辰光，伊也在外头转，叫侬看伊举的物事。然后下来，问侬，二层楼画的啥物事？三层楼画的啥物事？乘好下来只看见白乎乎的，问我啥物事？我哪能看得出来呢？

刘：葛末我要问问侬看了，白相好之后，侬走到地上，人立得稳哦？

王：人要朝前头踵几步的，侬要看迭个动作，侬要到锦江乐园里去看，迭个里向几只笑话倒侪是真的，阿拉亲眼目睹的。因为锦江乐园刚刚开的辰光，有只节目搭伊联系好的，阿拉上海有只《快乐大转盘》经常到伊搭去取景。

刘：对的，我小辰光一直看的。

锦江乐园大转盘

王：经常拿伊作为外景点，我也作为主持人之一，经常到锦江乐园去的。辫只过山车旁边侬去看，有种胆子小的朋友，排仔两三个钟头，排也排到了，前头还有三个人就挨着伊了，别转屁股就跑。

刘：迭个心态大概跟我差勿多。

王：人家一把拉牢伊："侬跑做啥？""我去小便，我去小便！"小便之后就勿来了，逃脱了。临阵当逃兵的老多的。还有一个，乘好下来，侬去看也蛮滑稽的。我有一趟看见我笑煞了，一个人乘好下来，平安到达地面，葛末侬胜利了咾，第一只动作拨自家一记耳光，侬晓得伊讲句啥闲话？"我来寻死啊！"吓得来勿得了，真的下趟勿来了？下趟还是要来的，因为比较好白相。

刘：锦江乐园开了之后，老多人侪去排队了，我发觉后来还设计出来团体票。

王：迭个办法来得聪明。大家反映白相锦江乐园价钿太大了，葛末锦江乐园作为刚刚开的旅游设施，降价勿像样子。想出一个办法，卖团体票，团购廿张以上可以打折头的。辫能一来真聪明，迭个叫"刀切豆腐两面光"。一个伊没掉价，第二也是方便了广大的游客。所以当时辰光在广东路搭西康路，设定了两只卖团体票的地方,而且每次规定 2000 张为限,卖满 2000 张就勿卖了。结果开业十年达到高峰,也就是 1995 年,游园的人一年达到 230 万。辣个是为啥晓得哦? 主要有一样物事通了——地铁。

刘:地铁一通方便了。

王:游客多了。大家冲到锦江乐园去白相去了。所以辣个一年去锦江乐园白相又成为一个高峰。

刘:是的。我小的辰光觉着锦江乐园老远老远的。地铁一开通,觉着老近的。

王:是的。所以锦江乐园也勿断在更换自己的设施,比方讲现在辣只摩天轮,据说蛮慢的。

刘:乘一圈要多少辰光啊?

王:大概要半个钟头左右。

刘:介长辰光啊?

王:上去白相的人,人家谈恋爱的比较多,上去谈谈恋爱。

刘:侬也下勿去,我帮侬讲讲闲话,侬搭我讲讲闲话。

王:特别是有矛盾,小夫妻两家头难免发生矛盾,轧朋友的也会发生矛盾,要解释,讲好下来,大概是半个钟头,两家头言归于好,破镜重圆,所以辣只"团团圆圆"还是蛮好白相的。

刘:我还看到老多人在上面求婚。

王:侬眼睛倒是尖的。说明侬也经常去乘的对哦?

刘:诶。

王:所以在阿拉辣代人的记忆当中,锦江乐园是上海的地标,勿可缺少的一个娱乐项目,阿拉大家蛮怀念的。近年来由于设备比较老了,也需要更新,而且还有一些新的设施要添进去。相信伊在勿久之后,将以崭新的面貌迎接更多的游客。

市百一店的前世今生

（以下嘉宾主持王汝刚简称"王"，嘉宾主持刘晔简称"刘"）

王：周日《新闻坊》，"闲话上海"听我讲。刘晔，我等歇有要紧事体，想到市百一店去买点物事去。

刘：王老师，侬勿要去了。我前两天去的辰光，看到门口头贴了张纸头，讲要停业装修了。

王：哦，是有辣能一桩事体，不过，侬放心好了，伊是停业装修，经过升级换代以后伊会重新开的。改造以后里向的环境更加好了，所以呢笃笃定定。市百一店是上海人的骄傲、上海人的记忆。过去外地人到上海来，呒没到过市百一店，赛过就呒没来过大上海。现在一样的呀，商店门口人老多。交关人到南京路上白相，会合的地点侪在市百一店门口。伊勿仅是重要的地标，而且阿拉几代人对伊印象老深的。葛末辣能好哦，阿拉就谈谈，市百一店的今生、前世、未来。侬看哪能？

刘：好的，王老师。

王：迭个市百一店历史悠久。多少历史，我考考侬晓得哦？

刘：王老师，辣个我功课做过的。辣个市百一店是四大百货公司之一：大新公司。当时辰光我记得是 1936 年的辰光开张的，葛末算到现在 81 岁，蛮结棍的。

王：勿容易，小姑娘晓得辣点历史，已经了勿起了。但是侬的答案我批拨侬，既对又勿对。因为大新公司算到现在是 81 年。葛末上海市百一店是成立于阿里一年呢？是 1949 年 10 月 20 号。葛末伊的前身是啥公司？是上海日用品公司，本来勿在辣搭的。在啥地方呢？在南京路、浙江路。是搬迁到大新公司的原址上，经过扩建成立了阿拉国有的一爿大型的百货商店，叫"第一百货商店"。

刘：葛末迭能算起来，伊只有 68 岁。

王：对，搭阿拉共和国是同龄的。所以呢，10 月 20 号是开张日。当天开

· 99 ·

张生意好得勿得了。葛末为啥道理要开辟能一爿百货商店呢？迭个就是因为阿拉人民政府考虑到老百姓的利益。因为刚刚解放辰光有人投机倒把，物价飞涨，搞乱市场。辟能下去尴尬了，迭个辰光涨价涨得老结棍的。一管牙膏一天要涨几角洋钿咾啥，一块毛巾涨涨也价钿蛮大的。假使有自己的国营百货公司，可以抑制物价。所以老百姓讲，到底人民政府有办法，用迭个办法抑制了市场的物价，安定了老百姓的人心。

刘：就变成真正阿拉自己的商店喽。迭个辰光有啥特色的物事？

市百一店老照片

王：百货公司里向特色的有好几个，比方讲有卖钟表的、卖衣裳的，卖小囡玩具的。辟个生意好得一塌糊涂，一直是人头攒动。因为侬晓得哦，旧社会很少服装厂的，从前辰光买衣裳侪去买旧货，所以阿拉滑稽戏搭相声里有种叫沽衣店，也就是卖衣裳，好叫的。比方讲一件衣裳拿出来："辟件长衫，样子真挺刮，卖卖只卖两只洋，两只洋勿算噢，减脱一半一只洋。一只洋，一只洋。啥人要拿去一只洋。"辟个一叫，一看倒蛮好拿转去了。外头看看蛮好，里向夹里也吭没的。迭是沽衣店，到旧货商店里向去淘。葛末新中国成立以后，劳动人民当家作主了，特别是工人阶级也要求讲究仪态美了，服装厂应运而生。因此市百一店的服装一直是紧跟潮流的。

刘：葛末王老师，迭个辰光侬自家在埃面买过衣裳吗？

王：我在市百一店曾经买过一件衣裳，辟件衣裳对我来讲，印象是相当之深。我第一件T恤衫就是市百一店买的。啥颜色呢？深蓝色的，但是别致在于领头是翻的，而迭个钮子，是三只银颜色的钮子。我一看原来是外贸退下来的。本来出口的，勿晓得啥原因退下来的。我一看价钿也勿大，就买了一件。

搿件物事我记得，迭个辰光大概10块出头一点点。搿件衣裳买转去越看越好看，颜色配得好。买嘛买转来了，着勿好意思着。

刘：啥道理呢？

王：因为搿个辰光讲究艰苦朴素，着件新衣裳大家侪看见。外加搿件衣裳介出挑，我勿好意思了。乃末哪能办呢？既然买也买来只好硬硬头皮穿了。我动脑筋了，拿一件高领头的羊毛衫，阿拉姆妈自己织的。也勿叫羊毛衫，是绒线衫，高领头的绒线衫着在外头。阿拉姆妈讲，里向一件衣裳蛮好看的，侬外头去着一件旧的绒线衫做啥？侬勿懂，我搿能着到单位去。我搿个辰光是团支部书记，人家讲侬团支部书记哪能介时髦。搿套物事是"封资修"，我买也买来了，"湿手捉干面粉"，我过过念头。穿上去上班去了，人家也看勿出。但是回到屋里向自己一脱，临睏觉镜子前头起码要照三分钟。样子倒是好的。乃末后来呢胆子大了，我想买也买了，着嘛着得有些旧了，乃好着出去了。乃末绒线衫脱脱，调一件开衫，隐隐约约露出两粒钮子。实际上有三四粒钮子，露一两粒钮子到单位去。单位人讲侬搿件衣裳瞎嬻，啥地方买的啦？我讲是处理商品，外贸处理的。到后来胆子大了，全部脱脱，外头套件罩衫居然着出去了，是蛮好的。所以搿件T恤衫拨我留下老深的印象，伊搭市百一店是画等号的。

照镜子

刘：是的。

王：讲起搿个中百一店，我想起我一个朋友在中百一店工作的。侬晓得是啥人？赫赫有名的，在阿拉搿代人当中，伊是全国劳动模范，心目当中的地位崇高，伊叫马桂宁。

刘：伊当时辰光做啥？

王：伊是卖料作的，号称是"一眼准"。勿管侬迭个人胖也好，瘦也好，长也好，矮也好，侬跑到伊搿搭去，侬拨伊一看，搿个一刀剪下去之后，侬拿得去做，裁缝师傅一量正正好好。根据侬的长短胖瘦做出来的衣裳，料作一点也勿伤。伊还记得搿能一桩事体，也是伊讲拨我听的。在1992年2月份的辰光，领导搭伊讲今朝有一个重要领导人，侬帮伊服务一下。因为当时市百一店领

谈谈身边事，回到老辰光

导来视察也蛮多的，包括当时辰光有交关亚非拉的朋友，到上海来白相，也要到中百一店去。对外国友人热情招待，阿拉马师傅是一面红旗，伊板要立出去的，帮外国人服务的。伊想领导人也看得多了，也哤没摆在心上。人家搭伊讲是重要领导人。重要领导是啥人？到了夜里来了，一看伊自己激动了。啥人呢？邓小平。邓小平同志到市百一店来视察工作。马师傅一看，阿拉邓小平同志神采奕奕，精神交关好，红光满面。着的中山装，呢的料作。伊也老聪明的，伊就搭小平同志讲了，领导，侬身上迭个料作我此地也有的。伊就拿下来一匹拨小平看，小平对着自己身上看看，手去摸摸，头点点，"谢谢"。意思讲是我已经有了，哤没买。然后邓小平来到文具柜台，就在瓣只文具柜台，马师傅去接待伊了。伊买了四封中华牌铅笔、四封橡皮，付了10块洋细人民币。伊是买转去拨伊小辈学习派用场的，所以马师傅对瓣桩事体记忆犹新。侬看阿拉中百一店的事体，好讲出介许多。我相信经过装修之后，伊会得以焕然一新的面貌，出现在阿拉的面前。

刘：老期待的，虽然讲现在大家介欢喜在网上买物事，但是侬想到瓣个百货公司里向去买物事，帮人家沟通，尤其是碰到像马师傅瓣能样子的营业员，瓣种感觉是在网上买物事永远感受勿到的。

王：葛倒是的，现在网络上买物事交关方便，但是我倒还是相信，人与人之间，物与物之间，实实在在的。所以商店还是会永远存在的，永远会成为阿拉城市的一道风景线。

不进天蟾不成名

（以下嘉宾主持王汝刚简称"王"，嘉宾主持雪瑾简称"雪"）

王：周日《新闻坊》，"闲话上海"听我讲。最近啊，有一只剧场特别闹猛。看戏的人多得来勿得了，真好讲是人山人海了，大家带着各种各样的心情去看戏。

雪：葛末上海的演出市场一直是老兴盛的，夜到头大家看话剧、看音乐剧、看演唱会的人总归老多的。

王：我讲的辣只剧场是专门演戏曲的，啥个剧场呢？叫天蟾舞台，也叫逸夫舞台。

雪：对，辣个是阿拉老上海比较欢喜的一只剧场。

王：辣个逸夫舞台为啥介闹猛呢？因为逸夫舞台即将要大修了，也就是讲，伊要关闭 年。

雪：乃辣个剧场要大修了，葛末欢喜看戏的戏迷朋友，到阿里搭去看戏啦？

王：迭个侬放心好了，因为迭个天蟾舞台四周围还有许许多多剧场，在上海人民广场附近有一圈，侪像一粒粒珍珠一样的，叫没串起来，串起来邪气好看。所以看戏的地方还是勿少的。

雪：葛末我放心了，观众朋友还是有交关地方可以去看戏的。

王：讲起天蟾舞台，上海人对伊情有独钟，从前辰光上海人约会碰头，辣个天蟾舞台也是一个好地方。比方讲有男女相亲或者是朋友见面，约个地方"今朝夜里六点钟七点钟""啥地方啊？""天蟾舞台""大世界""八仙桥"。板是辣几个地方。

雪：算是一个地标性的建筑了。

王：天蟾舞台历史悠久。据历史记载，伊已经有100多年的历史了，伊当时开的辰光就已经蛮兴隆，侬去看伊的历史，因为有一只班底是老狠的，啥个

· 103 ·

谈谈身边事，回到老辰光

呢？以周信芳先生为领衔主演的京剧班子，就在辩个天蟾舞台。据记载1932年的辰光，梅兰芳先生一家门从北京迁到上海，伊也在天蟾舞台演了《抗金兵》，演了《生死恨》。大家一听就懂了。迭个辰光是啥辰光？国家是非常时期，激励人们抗日，所以当时辰光是一票难求。确实我脑海当中，老早曾经看见过旧的天蟾舞台，迭个辰光我还小了，位子蛮多的，据现在的记录，讲有3900多只位子，葛末到底有多少只位子，小辰光我又呒没去数过。但是我印象老深的呢，辩只剧场与众勿同，伊有四层楼，蛮奇怪的。三层楼到四层楼有扶梯，但是伊有物事拦牢的，勿拨侬进去。我人小趁人家勿注意就钻到四层楼上去。到四层楼一看，醍醐得勿得了，是只仓库。但是侬往下头一看，舞台上的演出看得煞辣清，但是基本上看演员是看头顶心，面孔是看勿出的。据说像四层楼的位子，从前辰光也卖客满，因为为啥呢？劳动人民欢喜娱乐，特别是周信芳迭个麒派，连得做娘姨的，做保姆的，踏三轮车的，也会哼两句麒派的，迭个就了勿起。看戏呢，好的票子贵呀，一楼二楼价钿大，三楼便宜。我曾经在三楼看过，一张票子到现在也记得，是三角洋钿。我看好下来问人家，我讲，"爷叔，侬哪能四层楼勿开呢？"我戆吼吼，想一开么看的人更加多了。伊回答我一句啥言话："侬蹲辣辩搭吓哦？"我讲有点吓的。"好咪，侬吓嘛人家也吓的呀。"葛倒是的，辩个蹲辣上头真的有点吓咾咾的。乃末辩个看戏呢，特别是戏迷，手勿停脚勿停的。有种会唱，还会搭演员一道唱，还叫好，还拍手，还鼓掌。迭能一来老危险的，万一一个蹬脚，楼塌下来勿得了。所以辩个四楼呢，我记忆当中一直是勿卖票的，最多卖到三楼。三楼也有规定的，卖前几排，后几排也是勿卖的。

梅兰芳演出的天蟾海报

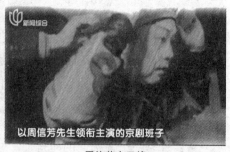

周信芳在天蟾

雪：我觉着辩个天蟾舞台，我听阿拉长辈在讲，老早点南北的名家，侪要

到辣个舞台去演戏的。而且还有一句言话讲是"不进天蟾不成名",阿是有辣个讲法啊?

王:前头还有一句咪,叫"不到上海不成角,不进天蟾不成名"。侬只有进仔上海,只有进仔天蟾,经过观众考验,大家认为侬好的,侬名声出来了。所以辣个看戏看好之后,观众是"艺术评论家",侬勿要看伊有种文化程度老低,但是对艺术交关通透。因为看得多了,所以伊对侬的评价,侪是观众嘴巴里出来的。有种民间的封号,像有种好演员,武生,观众看了之后,"好!"封伊啥?"江南一条腿"。盖叫天先生"活武松"。辣个啥人封的?老百姓。一传十,十传百,侪会得传出去。所以迭个一只剧场对上海人来讲,影响相当之深。

雪:而且迭个剧场阿是还叫过劳动剧场啊?

王:"劳动"大家一听,就晓得了,劳动最光荣。"天蟾"两个字,蟾是像癞蛤蟆一样的,蟾是吐钞票的。刘海戏金蟾,迭个物事是"封资修",要改脱伊。改成啥?改成劳动剧场。改成劳动剧场之后呢,伊的功能虽然讲也是舞台,也是演出,但是内容大勿相同,也勿单是一个专门演出京剧的场所,其他的剧种也来演出。比方我记得印象老深,锡剧有个叫《一副保险带》,淮剧也有好几只,沪剧有《开河之前》《雪夜春风》等。

雪:讲到沪剧,我小辰光也是因为唱沪剧,到天蟾舞台去演出过的。不过辣个辰光还小,应该是初中横里,辣个辰光是跟着剧团里向老的老师,伊拉在上头演,阿拉在旁边配唱。侬晓得的,小朋友老早底到剧场里向去看戏,坐在下头阿是一本正经的啦。但是辣个辰光第一趟在后台,在幕布后头,迓了后头看老师唱戏,感觉老有味道,开心得勿得了。

王:拨侬一讲也勾起了我的回忆,上世纪70年代后期的辰光,也就是在辣个天蟾舞台上演过一本戏,辣本戏的影响相当之深,我看过的。啥人演的呢?是丁是娥老师演的《甲午海战》。大家欢喜看丁是娥,伊的丁派唱腔老好。整个《甲午海战》,内谷大家侪晓得的,是讲战争的,里向要摆一个女性相当之难。但是伊却突出一个角色,就是一个普通渔民的妻子,金堂娘。伊在里向演一个寡妇。有一段著名的唱段叫"祭海",天地茫茫,就出来一个女的。手里拎只篮头,一串长锭,一对蜡烛来祭海:祭奠自家的丈夫,祭奠自家的儿子。拨人印象之深,可以讲是震撼人心。所以辣段"祭海"成为了传统的唱段、一段保留唱段,交关人会得唱。乃末迭个劳动剧场当时辰光也出现了迭能的情况:丁老师在上头唱,下头跟伊一道哼。辣个印象还留在我脑子当中。

谈谈身边事，回到老辰光

天蟾逸夫舞台

骆玉笙在天蟾

雪：葛末更名为逸夫舞台之后，侬在里向演出过吗？

王：逸夫舞台的辰光，我倒是去演出过的。逸夫舞台有几次演出是比较难忘记的。当然我也演出过大戏《复兴之光》《明媒争娶》。但是使我印象最深的呢，是一次曲艺表演艺术家、中国曲艺界协会的前主席骆玉笙，艺名叫"小彩舞"，举办的演唱会。当时小彩舞先生伊岁数老大了，将近90岁的辰光，伊还录音了一只《重整河山待后生》，也就是电视剧《四世同堂》的主题曲。所以小彩舞先生，伊到老年的辰光有愿望。伊讲伊虽然是天津人，但是伊成名是在上海的。因此伊有愿望，要到上海来办一次演唱会，回报对伊艺术热爱的观众。选择的剧场，老人家也是亲自定的，就是天蟾舞台。伊专门点名我搭李九松，以独脚戏的形式，一道参与演唱会，办得交关闹猛，五彩缤纷。因此阿拉就去参加了辖个一次演唱会。所以辖次演唱会的内容也好，形式也好，使我很难忘记。

漫谈当年"打仗片"

（以下嘉宾主持王汝刚简称"王"，嘉宾主持刘晔简称"刘"）

王：周日《新闻坊》，"闲话上海"听我讲。

刘：王老师，最近有只电影，我身边所有的朋友侪要去看，而且看一遍勿够，还要看两遍三遍。

王：我晓得了，阿是叫《战狼2》？据说现在票房已经超过20个亿还是30个亿了。葛末拨侬辣能一讲，我也拨吊起胃口来了，啥辰光我也去看看《战狼2》。

刘：有没有吊起侬老早看打仗片的回忆啊？

王：讲起老早的电影，阿拉男小人顶欢喜看啥呢？战争片。葛末辣能样子，阿拉谈谈老电影当中的战争片。

刘：好的。葛末先来讲讲，为啥道理男小人邪气欢喜看辣种"乒乒乓乓"的电影呢？

王：葛蛮简单，因为男小人生性好动，欢喜看战争片。看的辰光嘴巴、手勿停，脚勿停的，跟着辣个电影一道"diu, diu, diu"，手咾脚咾一道动的。所以老扎劲的。看其他的题材，一个是看勿懂，一个是看了呒没劲。看战争片勿一样了，男小人坐着一道哪怕蹬脚、叫好，大家习以为常了。

刘：葛末王老师，有勿有侬印象老深刻的一部片子呢？

王：有的呀！《平原游击队》。辣部电影像我辣能的年龄，没看过的，可以讲是呒没的。

刘：里向有交关细节，辣种片断，还有音乐。

《平原游击队》剧照

谈谈身边事,回到老辰光

王:箇个里向有两段音乐、有一段表演大家侪会模仿。小朋友一日到夜模仿,模仿啥人呢?松井大队长。"悄悄地进庄,杀他一个回马枪。"大家侪会得讲。所以箇句台词,大家有数的。"噔~噔~噔,噔噔噔"箇段旋律,直到现在交关小品当中还用。

刘:音乐一起来,箇个画面马上就想到了。

王:所以一只电影拨大家产生介大的影响,箇个真是老了勿起的。

刘:王老师讲到箇个游击队,还有一只也是游击队——《铁道游击队》。

《铁道游击队》剧照

王:《铁道游击队》箇本戏拍得实在是好。后头虽然讲进行过重拍,我总归觉着吪没第一趟看得味道介好。因为第一趟看,箇个地方风景也好。微山湖,游击队打仗浴血奋战,打得老吃力。等到休息的辰光,弹起了自己的琵琶,在微山湖旁边唱起来。啊哟!箇个是多少有诗情画意。"西边的太阳快要落山了,微山湖上静悄悄……"箇个歌曲直到现在,大家交关人会得唱。所以迭个火车上打游击迭个情节,交关小朋友也学会了。

刘:是的,因为后头还有交关片子翻拍过的。

王:乃末后头老师劝伊拉了,倷勿能够乱学的。因为当时辰光是打日本人,倷用勿着介起劲的。因为啥呢?阿拉当时住在黄浦区,黄浦区金陵东路上有电车的。迭个电车"哈哈哈"开得老慢的,两个小朋友吪没事体,跑出去学《铁道游击队》跳电车去咾!箇个电车跳上去老便当,正了开的辰光老慢,"嚓"搭上去,一把拉牢仔。我也跳过的,假使侬能够从箇只站头乘上去,到另外一只站头下来,侬本事大了一塌糊涂。

· 108 ·

刘：像辣种电影在小朋友心目当中，留下的印象之深，就希望自己也能成为辣能样子。

王：是的，电影当中的英雄，侪是阿拉小朋友心目当中，留下深刻印象的英雄。辣些英雄的动作侪记牢了，台词也侪记牢了。所以辣个看电影，侬没看见，放到学生场的辰光，啊哟！辣个里向闹猛是闹猛得勿得了。

《小兵张嘎》剧照

上头哪能讲，下头学伊台词，蹬脚，搭同学一道唱歌，闹猛得勿得了。

刘：像我小辰光看《小兵张嘎》，但是我看的已经是后头的版本了，就是新的演员演的辣个版本了。

王：《小兵张嘎》辣只片子，一上来之后相当火爆，辣只电影上映之后，一片叫好。辣只片子好了啥地方？题材虽然是讲抗日战争，但是角度勿同，特别是宣传里向的抗日英雄，除脱大人之外，两个小朋友是抗日小英雄。辣个《小兵张嘎》里向有反面角色，大家也记得牢。是啥人呢？就是里向的胖翻译，块头大大，戴副金丝边眼镜。假使我胖一点的辰光，去扮伊倒也可以的，不过我没伊演得介好。伊有一句台词讲得好，吃了西瓜勿付铜钿，老百姓要问伊拿钞票，伊讲了一句："吃你几个烂西瓜还要钱？老子在城里下馆子都勿问价。"辣句台词大家侪会得学伊的。

刘：诶，对对，王老师一讲我马上就想起来了。

王：迭个"小兵张嘎"是阿拉一代人心目当中的英雄。

刘：欢喜得来勿得了是哦？但是是勿是有段辰光呒没啥电影好看？

王：刘，因为特殊的原因。在上世纪60年代末到70年代初的辰光，阿拉基本上呒没拍过啥好的、新的战争片。但是到了70年代以后，慢慢叫一些老的战争片，开始重新放映了。有几只特别火爆，比方讲《地道战》《地雷战》《奇袭》《英雄儿女》等。葛末迭个辰光条件差，拷贝呒没介许多，电影院倒蛮多的。大家侪要放《英雄儿女》哪能办呢？就出现了跑片出毛病的现象，啥道理呢？比方讲一只电影比较火爆，比如《英雄儿女》，大光明电影院在放《英雄儿女》，和平电影院也在放《英雄儿女》，埃面沪光电影院也在放《英雄儿女》。葛

谈谈身边事,回到老辰光

《英雄儿女》剧照

地道战

末哪能办法呢?好得有拷贝,从 A 电影院放好,摆到 B,B 到 C,C 转过来再到 A,轮流的。乃末迭个办法是好的,解决大家看热门电影的问题,一票难求,拨大家看,但是里向出毛病了,啥事情?万一有一个人跑片的辰光出毛病,乃末尴尬了,"啪"上头一只片子出来——"静"。银幕上写一个"静",跑片未到。静,静得下来啊?跑出去吃香烟,吃瓜子侪来了。等歇跑片来了,再重新跑进来。

刘:勿会有人离开哦。

王:讲到辩个战争片子,我一下子勾起一个回忆。当时在 1973 年的辰光,我还在农村插队落户。有一个小学里的同学写封信拨我,伊搭我报告一个信息,伊讲我最近回了一趟上海,看了一只电影,是王心刚主演的叫《侦察兵》。伊讲我看到辩只电影开心得勿得了,伊讲阿拉爸爸姆妈,因为我回上海去探亲,所以特为去动脑筋、想办法,弄了辩张票子拨我去看的。

刘:哦,介难啊?

《侦察兵》剧照

《闪闪的红星》剧照

王：啊呀,我想辩个票子介紧张啊？伊信里向写得老清爽:"如果你有机会的话,回上海一定要看一次《侦察兵》。如果你没看《侦察兵》的话,你会造成终生的遗憾。"伊写封信拨我,隆重推荐王心刚演的辩只《侦察兵》。乃末我拨伊讲得心痒死了,但我如果到上海去看电影,成本太高了,要 50 块洋钿左右,我吓也吓死了。我两年劳动下来也咣没 50 块洋钿。

刘：葛末最终情况是？

刘：最终辩只电影我到今朝也咣没看过。到了 1974 年,辩个遗憾弥补脱了。1974 年我到上海来探亲的辰光,我迭个朋友送拨我一张电影票。辩张电影票勿是电影院看的,是在电影技术厂里向内部礼堂里看的。所以我记得老牢,电影叫啥名字呢？《闪闪的红星》。辩只《闪闪的红星》,我一看看了,当时辰光感觉是我有生以来,看到最好的一部电影。我欢喜看,因为《闪闪的红星》里向所讲的,红军的苏区就是我插队落户的地方。所以我看到迭个里向,漫山遍野的杜鹃花啊,高高的翠竹啊,宽广的一条河浜啊,竹排摆渡啊,赛过我回到江西去一样的。我想到底我现在在江西还是在上海？假使在江西,火车票用勿着买。我特特为为从江西赶到上海来,看辩只片子。我觉着邪气值得。

刘：王老师埃辰光勿光是潘冬子,里向讲的还有反派角色胡汉三对哦？

王："又回来了"——经典台词。所以讲起迭个片子,津津乐道,说明一部好的片子是勿朽的。可以讲在中国的影坛上,留下了非常深刻的影响,也带拨阿拉快乐,带拨阿拉欢乐。所以电影工作者虽然讲是辛苦的,但是工作是伟大的。

办年货

（以下嘉宾主持王汝刚简称"王"，嘉宾主持沈蕾简称"沈"）

王：电视要看《新闻坊》，"上海闲话"大家讲。观众朋友大家好，欢迎来到《新闻坊》的"上海规矩客堂间"。和我一起主持节目的是上海东方广播电台的沈蕾。

沈：王老师好。

王：日脚过得老快，马上要过年了，到底老上海过年有啥规矩呢？今天阿拉专门来讲讲迭个。

沈：王老师，我觉得阿拉现在过年老呒没劲的，可能就因为仪式感少了点。

王：有句闲话侬听见过吗？叫"勿讲规矩，勿成方圆"。

沈：是的。

王：样样啥事体侪要有规矩，照规矩来就来事了。譬如过年，阿里一天开始，我可以讲交关人侪勿大晓得的。

沈：过年勿就是从年初一开始吗？

王：勿对。在农耕社会，从农历十二月份开始，已经进入过年的预兆了。

演播室

谈谈身边事，回到老辰光

沈：前奏开始奏响了对哦？

王：对，葛末阿里一天呢？十二月初八。

沈：阿是吃腊八粥的辰光？

王：一点也勿错。到了十二月的廿三、廿四、廿五，就开始要祭灶了。

沈：我好像印象当中听到过，好像廿四祭灶。

王：有各种讲法，叫做"君三，民四，船五"，啥意思？就是做官的人，有学问的人屋里向，祭灶是廿三，腊月廿三祭灶；一般老百姓是腊月廿四；至于船民，伊拉的生活比较漂泊，在船上，也比较忙，因此到了廿五，也可以祭灶。祭灶有几样物事必须要具备。啥物事呢？三样水果，迭些水果侪是讨口彩的，一样是甘蔗。

沈：节节高。

王：对，一个是橘子，大吉大利。还有苹果，平平安安。另外有一碗糖圆子。

沈：团团圆圆。

王：对，迭几样物事必备。还有迭能大一个盘子，迭个盘子里向放啥？就是胶漆糖，芝麻的胶漆糖。芝麻、花生搭饧糖做在一道，切成一片片，迭个是祭灶的，叫祭灶果，祭灶果是祭给灶家老爷吃的。

沈：灶家老爷欢喜吃糖啊？

王：迭个里向有一个传说，因为俄屋里向发生啥事体，大大小小，鸡毛蒜皮，天文地理伊侪晓得，所以伊侪要管的啦。伊一年一次上界去，向玉皇大帝奏禀，伊拉屋里做过好事体多少桩，坏事体多少桩。乃末老百姓交关聪明，也是民间的智慧，拨伊吃胶漆糖，胶漆糖里向有老多饧糖，灶家老爷吃到嘴巴里，嘴巴甜了。

沈：吃人嘴短，是迭个意思啊？

王：讲的辰光总归讲好话，勿会讲坏话了。

沈：原来迭个辰光，连灶神老爷也要拍马屁啊。

王：迭个是民间传说而已。所以，应了旁边的一副对联，叫"上天言好事，下界报平安"。其实迭个呢，是一个风俗，关键辫个一天开始要过年了。阿拉过年最重视的是，祭灶之后就是大扫除，叫"掸遗尘"。

沈：大扫除。

王：对。从前辰光勿大重视卫生的，一年到头工作也忙，趁迭一天开始大

祭灶

扫除,屋里向从碗盏开始到锅台,到屋里向环境侪清扫得煞煞清。挨下来要做新衣裳了,衣裳做好以后,屋里向乃是忙喽,要准备年夜饭了,也就是年菜。准备年菜,迭个辰光有几样物事必须要有的,水磨粉圆子,阿拉本地上海人勿吃水磨粉,但也要磨粉做圆子。圆子要用干粉,所以辫只磨子顶忙了。

沈: 水磨,我小辰光看到过的。

王: 是的,辫只磨子从前勿是家家侪有的,因此邻居之间大家要定好的。

磨水磨粉

沈: 哦,要借的。

王: 诶,侬是廿四,侬是廿五,侬是廿六。有的辰光一只磨子,在南市区,借法借法,会借到黄浦区。因为邻居、朋友之间,到后来寻勿到唻,磨子到啥地

谈谈身边事,回到老辰光

方去了。但是拿还是可以拿回来的,而且迭个磨子老经用的,所以上海人有句闲话,迭个人老"模子"的。

沈:原来是迭个意思。

王:出典就在辣搭,真真假假我勿去讲伊了。乃末就开始磨水磨粉,水磨粉做好之后要做汤团了。汤团辣只馅心是要紧,所以现在有种人讲,现在的水磨汤团,搭老早比比味道两样了。实际上里向有四个字,啥呢?精工细作。第一,糯米粉,辰光要浸得长。迭个水,腊月里的水叫腊水,腊水浸糯米粉要多浸两天,浸了之后出来的米比较糯。辣只馅子,宁波人吃的叫猪油汤团。宁波人叫"浆板汤果",浆板是啥?就是酒酿。汤果是什么?就是芝麻做的汤团。芝麻先要自己炒,汰清爽、炒好,再去擂。擂松之后拌在猪油里向,辣只猪油考究了,勿好用一般性猪油,用板油。板油买来之后,要把上面的网油拉清爽,然后用白糖拌,要拌大概七天以上。迭些侪是要吃工夫的,等到辣只物事喷香扑鼻。所以孾讲吃圆子,侬闻闻辣只芝麻馅子,我看得出来,侬涎唾水也出来了,芝麻汤团就做出来了。勿像现在介简单,想吃就吃,想买就买。

沈:就是伊考究来西的,真的要到过年,大家有空了才好做。

王:所以酒酿圆子也是好物事,浆板汤果也是好物事。做好汤团,挨下来是水笋。从前辰光水笋要屋里向自己削的,自己削手痛哦啦,侬小辰光看见过哦?有些小贩像"削刀磨剪刀"一样的,只有到春节辰光出来的。一只矮凳,辣能高低,长长的,是刨水笋的。水笋要用米干水泡,泡多长日脚呢,起码要泡半个号头。

沈:反正我记得,阿拉屋里向浸水笋,是老长辰光,老早就开始浸了。

王:对,水笋浸好,听见切水笋的人来了,快点叫牢伊切水笋,水笋切好又完成一桩大事体。迭一天介许多水笋切好,已经本事蛮大了,葛咾事体是忙的呀,临近大年夜前买小菜。上海人买小菜闹猛得勿得了,菜场多,只只菜场勿同,而且菜场有特色的。特别是阿拉小辰光记忆当中,"三年自然灾害"的辰光,物质比较贫乏,呒没介许多物质好供应的。排队,样样啥物事侪要凭券。

沈:我记得有各种各样的票。

王:鱼票咾,肉票咾。

沈:一大堆的票。

王:鱼票上头画条鱼,家禽票画只鸡,画只鸭,买蛋的画只蛋,所以分得老清爽。辣些阿奶临近过年了,侪坐在客堂间门口,有的坐在天井里伏太阳,把过年老规矩

票子拿出来看看。"我来看看肉票几张,鱼票几张,哦哟今朝勿够嘛,哪能办法?"已经在动脑筋了,子孙要来吃年夜饭的,迭点菜勿够了,等到临近辣几天去排队了。有仔票子,有仔钞票,阿买得着呢?呒没介简单,一定要排队。

沈:啊,有票子还买勿着啊!

王:人多得勿得了。但是辣几天是小囡顶闹猛的几天,乃末呼朋唤友,大家约好。

"阿三,侬今年买鱼,阿里天去?"

"阿拉明朝。"

"哎,搭侬一道去!搭侬一道去!"

乃末大家弄堂里约好了,呒没介许多人的呀,哪能办法呢?乃末篮头、石头、小的破的钢宗镬子,侪好摆着,作为一个"人"的。所以一个人出去,起码好排四五只队,摆一样物事算一个"人"。乃末等到早上六点正式卖了,等到一开秤,喇叭会叫的。一叫,邪气闹猛,嗡起来,侬挤我挤,开秤了,趁人混乱的辰光,再来,重新再排,辣个闹猛啊!等一歇,辣面买好肉的人,跑到买鱼的摊头来。

"我刚刚排在辣搭的,我的物事呢?"

"侬人也刚刚来,啥侬的物事?"

"勿是,我的物事摆在辣搭的。"

"侬摆啥物事?"

"我摆了一块石头。"

"石头哪能好算人啊?"

"石头哪能勿好算人?我姓也姓石,石头是我的。"

乃末吵相骂了,哦哟,闹猛是闹猛得勿得了。好在迭个辰光,侪只动口勿动手,打相打蛮少的,侪嘴巴上争执。最后大家讲"好了,麻烦,让伊去。让伊去,小鬼侪是弄堂里的",熟门熟路,人家侪认得的,知根知底,"进来买进来买"。乃末去买小菜了。迭个辰光作孽,侪是冰的。

沈:呒没新鲜的,侪是冷库里向,冷气的。

王:买好迭些小菜到屋里一看。

沈:葛末屋里呒没冰箱,哪能办呢?

王:上海人几化聪明,物事买转来一看,侪要动脑筋,要加工了。上海人过年又有年味了。到迭个辰光去看,每家弄堂里向,上头侪是吊满的。

· 119 ·

沈：诶,辫个也是过年的味道,我觉着老重要的,一看到吊满了,就感觉好像年已经来了。

王：鸡鸭鱼肉,哪能弄法呢?肉做酱肉,腌咸肉;腊鸡、腊鸭、香肠都吊好。小朋友看到了,人家屋里向介许多香肠,就吵了:

"姆妈,阿拉香肠也哎没,好弄香肠了!"

"小鬼,阿拉肉票哎没了!"

"肉票哎没想办法。"

"啥地方有办法?侬自己想办法。"

"葛末我到外婆屋里去讨。"

事体多了勿得了。所以家家人家一种过年的年味、一种喜悦已经开始来了,吃也哎没吃着,讲起来已经涎唾水潺潺滴了。

沈：对,辫个就是老重要的。

王：大家等啥呢?就等辫顿年夜饭。

沈：年夜饭——圆台面一铺铺上去,介许多小菜摆在上面。

王：篇幅有限,今朝勿讲咾!

沈：啊!讲光了啊?

王：今朝只讲办年货,明朝阿拉接下来讲年夜饭,再会。

沈：阿拉明朝会。

年夜饭

(以下嘉宾主持王汝刚简称"王",嘉宾主持沈蕾简称"沈")

王: 电视要看《新闻坊》,"上海闲话"大家讲。观众朋友,昨日阿拉谈了上海"过年老规矩",讲的是办年货,乃末接下来要讲吃年夜饭。昨日夜里大家吃年夜饭,一定老闹猛的。

沈: 对的,王老师侬在啥地方吃年夜饭呢?

王: 我吃年夜饭是在屋里向吃的。因为一家门好勿容易在一起团聚,所以其乐融融,在屋里向吃年夜饭蛮开心。侬呢?

沈: 我在外头饭店吃的。我打了圈电话,舅舅到新加坡去了,阿姨到泰国去了,侪出去白相了,到最后是阿拉一家人家,跟"大家",一只大堂里的同志们一道过的。

王: 闹猛蛮闹猛,其实侪是陌生人。蛮好蛮好,总归侬是上海人,侬是中国人,在一道吃年夜饭也开心。所以讲起吃年夜饭,倒是蛮多规矩,勿晓得侬照规矩做哦?

沈: 吃饭也有规矩啊?

王: 葛末当然喽。坐有坐相,站有站相,做人侪要有规矩的,呒没规矩勿成方圆。

沈: 有点啥规矩呢,王老师?

王: 有哦,从前辰光年三十夜里的年夜饭,相当重要。从下半日三四点钟开始,屋里向已经老早准备好了,准备做啥呢?准备祭祖,等老祖宗吃好,好吃年夜饭了,好轮到阿拉吃了。现在简化了,先把菜摆出来供老祖宗,勿是另外准备菜了,就是辩个一桌,拨子孙后代吃的菜供出来了。迭个里向有规矩的,其中有荤有素,有的好吃,有的勿好吃,有的只好看,勿好动。

沈: 葛末有啥荤菜?

王: 鸡鸭鱼肉,迭个是荤的,必备的。素的有几只菜,侪是讨口彩的,比方

谈谈身边事，回到老辰光

讲塌棵菜。

沈：塌棵菜讨啥口彩？

王：侬别看塌棵菜，从前的人苦勿过，吃仔塌棵菜，脱离苦海，叫"脱苦菜"。而且呢，阿拉搞文艺唱戏的人，过年顶要吃塌棵菜。因为塌棵菜青的少白的多，也就是杆子多，菜头多，菜的叶子少，因此所谓"彩头"。阿拉演员上去一唱戏，下面"吃彩头"，"好，再来一个！"

沈：王老师，侬要吃多少菜头？

王：我基本上，我像牛一样。我啥体啊？挜个就是讲讲风俗习惯。还有黄豆芽，像如意一样，叫如意菜。还有水笋，叫节节高。顶要紧哦，蛋，蛋烧在肉里面的，迭个蛋代表什么？代表子孙满堂的。所以五荤五素是必备的。

沈：王老师有啥勿好吃呢？

王：勿好吃的也有的，比方讲荤的当中，我刚刚讲过了，红烧肉板有的。红烧肉里向一个水笋，一个蛋，一个红烧肉，三样物事烧起来的。有些人家放一些油豆腐也可以的，但是吃豆腐基本上年夜饭里是呒没的，是忌讳的，勥要吃伊。还有一条鱼，迭条鱼是勿好吃的，迭叫年年有余。

沈：侬要吃掉就呒没了。

王：诶，五荤五素是必备的。当然有些条件好点的也可以增加一点，据过去记载，阿拉上海人祭祖吃年夜饭，可以多到22只菜。

沈：22只菜算了，10只菜也太少。王老师，我想15只菜蛮好的。

王：哪能15只菜呢？7只荤8只素。七荤八素，被人家触霉头。我搭侬讲，吃年夜饭的菜是成双的，勿能成单，迭个也是规矩。有种人讲了，一桌子的小菜，等得小朋友肚皮也饿煞了。

沈：哪能办呢？

王：有办法的。上海人几化聪明，祭祖辰光短一点，也就是讲老祖宗吃的辰光短一点。哪能短法呢？蜡烛店去买蜡烛，勿要买大蜡烛。大蜡烛点光要一个多钟头哎，买小蜡烛，又做人家辰光又短。

沈：迭个叫精编版。

王：诶，乃末一对蜡烛烧得差勿多，差勿多算结束了。注意哦，祖宗吃好下来的菜，勿好马上坐下来吃的，要拿到厨房间去重新再热一热。还有一样规矩是老上海才晓得的，一般人家勿晓得。老上海人吃年夜饭，一定要多摆两双碗筷的。

过年老规矩

沈：瓣个为啥呢？

王：比方讲 10 个人吃饭，侬要摆 12 双碗筷，假使 8 个人吃饭要摆 10 双。邪气有道理，体现孝道，体现中国人的善良。比方讲伊多摆两双是啥意思？伊在期盼，阿拉在吃年夜饭的辰光，突然有客人从远方回来了，阿拉在等伊，碗筷也准备好了。更大的期望，就是在添碗筷的同时，期盼家里家丁兴旺，添子添孙。所以，吃年夜饭必须要多摆两双碗筷。迭个交关人勿晓得了，迭个是"老法师"告诉阿拉的。

沈：迭个我真的勿晓得。不过想想也蛮温暖，如果侬真的在瓣个一天到人家屋里向一看，人家拿侬的碗筷也摆好了，心情好得咪勿得了，迭家人家哪能介贴心，哪能晓得我来的啦？

王：迭个是上海人好客的一个表示。年夜饭吃的辰光也有规矩的，先上冷盘，冷盘吃的辰光主要吃酒，等酒吃得差勿多了，冷盘吃得差勿多了，冷盘撤下去，换热炒。

沈：王老师，冷盘就撤掉了吗？

王：撤掉了。

沈：那我还想吃熏鱼啊、烤麸啊，迭些勿能吃了哦？

王：勿来三喽，接下来冷盘去脱就是热炒了。热炒上来，旁边还有一些一塌糊涂的物事，瓣个勿雅观的，侬讲对哦？如果侬要吃也有办法的。

沈：有啥办法？

王：不过侬现在年纪小着一点。照老上海的规矩，只有老长辈对吃剩下来的菜，只要讲一句闲话："迭只烤麸倒烧得味道蛮好，这两块熏鱼我倒咬得动的。"侬放心，马上拿下去到厨房间，专门换只小盆子，摆在老长辈面前拨侬吃。

沈：王老师，我还是没吃着喽？

王：侬一定要吃啊？

沈：诶。

王：也有办法的。侬再要求一下："爷叔伯伯，刚刚迭点菜我也想吃。"大人还要讲："沈蕾瓣个小姑娘乖咪，小姑娘要吃嘛，迭能，分一点去，搭老祖宗一道吃。"就是搭几位老长辈一道吃，所以侬也有得吃。

沈：所以要"轧轧苗头，看看山水"，要做乖囡。

王：所以要做乖小人有得吃。等到冷盘热炒吃好，再收捉清爽。

· 123 ·

谈谈身边事，回到老辰光

沈：还有吃啊？

王：当然喽。过年，年饱年饱，吃得侬肚子要饱。乃末东家出来了，就是迭家人家的女主人出来了。比方绍兴人出来了："哦哟，佴几个吃得弗多嘛，介客气做啥？大妈妈，侬老酒会吃的呀，黄酒吃得面孔还没红了，来，我拨侬加一些，加一些下去。"加酒有道理的，倒酒有口诀，叫"茶七酒八"。就是倒茶的辰光，只能倒七分，勿能倒得太满；加酒加八分，勿能太满。太满哪能办？侬想想，一杯酒老满哪能喝，总勿见得扑到桌子上去喝。吃相难看，而且倒满了还容易引起误会。比方阿拉浦东人有句闲话，叫"倒满"，上趟一个北方人到浦东来作客，浦东人客气，"来，倒满倒满"。北方人不开心了，"干什么，过年让我倒霉呀。我倒什么霉呀？"所以要懂规矩。勿懂规矩，就闹笑话了。

沈：王老师，阿拉现在倒酒叫"单眼皮"跟"双眼皮"。

王：诶，意思都差勿多。

沈：意思一样。

王：“单眼皮”，"双眼皮"，现在化得老好的。乃末一看嘛，"老酒勿吃了。迭能，我去烧两个清爽点的小菜，拨佴吃饭哦"。

沈：吃饭也有小菜。

王：吃饭专门有小菜，四菜一汤，塌棵菜冬笋，特别是当中的什锦砂锅，里面的物事嬹得勿得了：有蛋饺，蛋饺象征元宝；里头还有"金条银条"，就是百叶包；还有肉皮、黄芽菜、线粉、熏鱼，全部摆进去。所以迭只汤交关好，迭个一只什锦砂锅，再考究一点有一只暖锅。一只汤，四只菜，然后大家吃好"饭菜"，迭个叫"饭菜"，勿叫菜饭叫"饭菜"，吃饭的菜，这四菜一汤吃这些物事。真正刚刚端下去的什锦冷盘，阿会浪费脱哦啦？一点也勿浪费，上海人几化会过日脚，虽然讲是上头撤下去，勿会甩脱的，冷盘里的物事还可以加工，就像四川人做的夫妻肺片，鸡头鸡脚放在一道，拌拌又能吃的。上海人放些糟卤糟一糟，好吃了勿得了。所以中国人还是老会过日脚的，迭点物事吃脱，基本上酒足饭饱。上点水果，两个老长辈开心了。做媳妇的忙了，为啥呢？要相帮把屋里向的桌子撤清爽，撤清爽之后，做媳妇的一年到头，辫桩事体板要做的。啥事体呢？泡两杯茶，阿公一杯，阿婆一杯。阿公阿婆过年吃仔媳妇的辫杯茶，就是人际关系的润滑剂。哪怕媳妇和婆婆有啥疙瘩，年三十吃了媳妇倒上的辫杯茶，心里舒坦了，没疙瘩了，毕竟一家人。乃末好了，吃好了要"出血"了，挨下来要发红包咪。

沈：开心开心。

王：红包一拿拿好。过去辰光蛮封建,小姑娘蹲在屋里向。男小人,爷娘特别是爷,要带伊出去白相了,叫"兜喜神方"。因为过去有黄历的。侬看看,哪一方是吉利的,带仔儿子去兜喜神方,小姑娘是勿好出去的。但是侬放心,过年就是蹲在屋里向,好白相的事体也有交关,乃末我讲一点过年好白相的事体拨侬听。

沈：好好好。

王：乃末,辰光差不多了。今朝讲的是年夜饭,明朝请听"好白相"。

沈：好,再会。

王：再会。

好白相

（以下嘉宾主持王汝刚简称"王"，嘉宾主持沈蕾简称"沈"）

王：电视要看《新闻坊》，"上海闲话"大家讲。观众朋友，在昨日的节目当中，阿拉介绍了上海人吃年夜饭。

沈：王老师，讲到吃年夜饭，我埃天回去想了半日天，然后我讲拨阿拉姆妈听，阿拉姆妈讲交关菜伊也勿晓得的。

王：喏，所以要多看阿拉的节目，看阿拉的节目就辫点好处。交关失传的上海菜，就可以想得起来，就可以重新烧出来了。

沈：对。

王：吃饱仔年夜饭呐……

沈：乃末好出去白相咪。

王：你用勿着开心的。照上海人的老规矩，吃好年夜饭，是可以出去白相的。但主要是爷带仔儿子出去白相，迭个叫"兜喜神方"。啥个叫兜喜神方呢？就是根据黄历上指定的方位，爷搭儿子兜一圈，期待能够碰到喜神交到好运。小姑娘是勿能出去的，一来是勿安全，二来小姑娘夜里出去，属于"野豁豁"。

沈：勿大好对哦？

王：对。

沈：葛末第二天好出去哦？

王：可以咪。第二天可以出去白相了，不过出去的辰光也有规矩的。梳梳头、揩揩面，上海人衣裳蛮讲究的，至少有两套。屋里向家常穿一套，出去有套出客大衣，叫出客衣裳。

沈：穿得漂漂亮亮，打扮得煞煞清出去。

王：头要梳梳清爽的。梳头的讲究也蛮多的，从前辰光没啥摩丝的，用的啥物事？生发水。男的用金刚牌发蜡，老太太用的是刨花水。等到面揩好，头

梳好,衣裳穿好,乃末就可以出去了。

沈:刨花水是啥物事啊?

王:刨花水是老人用的。是一种木头,刨成一条条的叶子,一叶一叶的,然后浸在水里向,用牙刷刷在头上。侬覅看迭个物事,这是土的摩丝,效果比一般的还要好。现在已经勿大有了,比较麻烦。啥地方有呢?阿拉现在唱戏,唱传统戏,贴片子一定要用迭个刨花水。没刨花水就推扳了,容易落下来。

沈:晓得了。穿得好看一点,头势清爽一点,就好出去白相了。到啥地方去呢?

王:老上海白相,首选上海城隍庙。白相城隍庙大家侪晓得的,交关闹猛,板要去的。城隍庙,当时的交通没介方便的。有种嘛走过去,有种嘛乘汽车去。到了城隍庙里向,跑进去有一尊菩萨,大是大得来勿得了。

沈:我晓得的,是城隍老爷。

王:勿对的,跑进去看到的迭尊佛像,勿是城隍老爷。

沈:葛末是啥人?

王:是霍光大帝。葛末为啥有迭尊神像呢?据说从前汉朝的辰光,汉武帝做了一只梦,伊讲在阿拉中国的版图上,靠东面的地方勿大太平,一来有水灾,二来有倭寇侵略,因此伊在迭个地方造了只庙,叫金山庙,也叫金山寺。造了辩只庙是啥意思呢?就是派霍光大帝坐镇在此地,保护一方太平。

沈:就是皇帝派下来的。

王:嗯。霍光大帝后头有条走廊,走廊两边是六十甲子,再到后殿是城隍老爷和城隍奶奶。夫妻两家头,而且有名有姓的。

沈:有名有姓的啊?

王:对。上海的城隍老爷姓秦,叫秦裕伯。

沈:侬哪能晓得的,土老师?

王:我讲拨侬听。20年前城隍庙恢复重建,里向的老道长叫陈莲笙。陈先生请了阿拉文艺界四位先生,参加了修复,封为修复委员会。

沈:哪四位?

王:其中一位是秦怡。

沈:秦怡老师。

王:秦怡和秦裕伯有关系的。据说伊就是秦裕伯的子孙,一个秦裕伯,一

谈谈身边事,回到老辰光

个秦怡。

沈:对的喏!

王:另外两位画家。一位是德高望重的程十发先生,一位是戴敦邦先生。因为这两位画图画得好,人品又好,因此在殿堂的布置,在旁边的壁画上立下了汗马功劳。

沈:葛末第四位呢?

王:第四位,勿瞒侬讲,就是我。为啥呢?当时我是市人大代表,选区在原南市区,城隍庙刚好是属于南市区。乃末迭个辰光年轻呀,看我蛮热心的,因此老道长也请我做修复委员会委员。等到城隍庙修好以后,就是现在迭个局面,基本上恢复了原貌。老上海人白相城隍庙,跑到城隍庙要烧香去的。烧香的辰光也有规矩的,就是鼓啊、钟啊,侬勥去乱敲,勥去乱碰;东看看,西望望侪勿对的;供着的水果拿只把吃吃,迭个侪是勿来三的,迭个要有规矩的。等到从城隍庙出来,到外头一看,城隍庙外头闹猛,是个商场。过去城隍庙庙门口有交关吃食店,甜的、咸的、酸的、辣的、干的、湿的、大的、小的、圆的、长的侪有的。

沈:王老师侬勥讲了,肚皮饿咪。

王:迭个勿讲了。乃末讲到后头,后头可以买各种各样的小人玩具。所以现在的小朋友真福气,玩具多得勿得了,从前辰光的小朋友呢没介许多玩具的。买得顶多的几样物事,一个是大刀、红缨枪、夜壶脸(面具),还有一种木偶。我记得木偶我买过的,两角到两角五分一只。

沈:介便宜啊?

王:是布袋木偶,就是烂泥做的头,比如孙悟空、猪八戒,下头用花布做一只像手套一样的,套在里向,两面好套着白相的,大概两角到两角五分一只。除脱迭个之外,扯铃、风筝,各种各样侪有的。

沈:王老师,侬最欢喜啥玩具?

王:最欢喜啥物事呢?侬讲起来我老伤心的。

沈:哪能会得伤心啦?

王:我欢喜的一样物事是啥物事呢?红缨枪。

沈:为啥欢喜红缨枪呢?

王:红缨枪好白相呀。埃个辰光阿拉看过只电影叫《鸡毛信》,站岗。

沈:我记得,我记得。

过年老规矩

王：所以迭个辰光勿像现在。现在小朋友出来，每个人侪是机器人。

沈：奥特曼，变形金刚。

王：从前出来红缨枪、大刀最风光，戴只面具好白相得勿得了。我也买了红缨枪，等回到屋里向末小朋友来了。"王汝刚，快点，今朝做功课去。"阿拉寒假有只小小班，就是做功课的。蹲了同学屋里向做功课，乃末我就去了。书包一拎，迭辰光红缨枪勿舍得放。

沈：要带去的，扎扎台型呀。

王：显摆显摆。妗夹夹，拿把枪拿书包一挑，样子好，赛过像林冲夜奔，乃末到同学屋里向去了。我蛮识相的，小辰光我蛮乖的，带仔红缨枪到人家屋里向去总归勿大好，进门之后拿红缨枪囥在人家门板后头，乃末书包打开搭同学一道做功课。到底是小囡呀，皮是皮得勿得了。做脱一歇之后呢大家白相了，打来打去打了，阿拉一个同学聪明、眼睛尖，看见我在门板后囥好一把红缨枪，伊跑上去拿仔红缨枪搭同学打了。一打末尴尬了，拿人家的一块玻璃敲碎脱了，镜子玻璃敲碎脱了，乃末辩记闯祸了。

沈：反正我记得小辰光有句话叫"敲碎玻璃老价钿"。到底几钿啊，王老师？

王：诶。有句话"小弟弟小妹妹跑开点，敲碎玻璃老价钿"，到底几钿只有我晓得。为啥呢？因为就为仔辩桩事体，大家争了，"你敲碎脱你赔呀"，伊讲"枪是侬带来的，侬赔"。叫我赔。没办法，去请老师来了。老师为了迭桩事体调查研究下来，判定辩桩事体是我的错。为啥呢？老师讲了，"啥人叫侬拿红缨枪带来的？叫俫来做功课的，又勿是叫俫来白相的。侬既然带来了，责任在侬，侬去赔"。我迭辰光老实呀，二话没说，我讲我去赔。

沈：侬真的赔了，几钿啊？

王：袋袋里摸出钞票来赔。乃末我告诉侬一块玻璃的价钿是四角二分，所以赔脱四角二分。

沈：王老师我想想迭桩事体侬也冤枉，辩个跟侬搭啥界啦？你又没有敲碎脱咾？

王：迭个辰光我乖呀，勿敢复诉。假使是现在复诉可能会得赢的。你想想，至少一人一半哦。枪我带来是勿对的，但是动手是侬动的呀。我又没有让侬去拿伊去敲碎玻璃，如果我铅笔盒子里的铅笔刀拿出来，侬闯了祸，葛我祸闯得还要大了。

沈：今朝播出以后去寻伊,两角一分。

王：两角一分还寻得着啊?不过因为迭桩事体,使我对过年加深了印象。

沈：嗯,挢个过年是蛮好白相的。有得白相,有得玩具,还有得吃,是蛮开心的。

王：上海白相的地方多了。像大世界、西郊公园,其他还有和平公园,等等。真是每个地方有每个地方的景致,今朝继续要讲,辰光已经差勿多了。还有桩事体,过年必须要做的,喏就是"做人客"。

沈："做人客"也蛮好白相的。

王：接下来阿拉明朝搭大家讲"做人客"。

沈：明朝会。

王：再会。

做人客

（以下嘉宾主持王汝刚简称"王"，嘉宾主持沈蕾简称"沈"）

王：电视要看《新闻坊》，"上海闲话"大家讲。昨日是搭大家讲"白相"，引起大家交关美好的回忆。今朝呢我再讲一样事体。过年的辰光，小朋友顶开心还有一桩事体，叫"做人客"。

沈：哦！开心开心。葛末我倒有只问题要问侬王老师，到底是"做人客"还是"做客人"。

王：阿是弄勿清爽了？我告诉侬，上海话当中，侬到人家屋里去做客人，就叫"做人客"。人家到侬屋里来叫"做客人"，因为来的是客，来者是客，侬讲对哦？

沈：哦，还有迭个讲究。

王：其实是一样的，到人家屋里做客人勿是随随便便的。讲起老上海的规矩，做客人，两个老伯伯老妈妈要笑了，因为伊拉晓得的，做客人是勿容易的，勿好随随便便到人家屋里向去的呀。

做人客

谈谈身边事,回到老辰光

沈:我以为就到人家屋里向去吃吃,然后拿拿红包,老开心的。

王:有红包好拿,有物事吃,所以小朋友侪欢喜的,但是爷娘勿带侬去的。

沈:啊?为啥?

王:因为爷娘讲的呀,"今朝下半日,我到某某人屋里向去",乃末小人听见了讲:"爸爸我跟侬去,我跟侬一道去!"

"勿去勿去,小人又勿听言话了,毛手毛脚,到人家屋里向投五投六,像啥样子?嘴巴嘛又馋得勿得了,又勿肯叫人。勿好去,勿好去。"

"我听言话,我跟侬去!"

迭个辰光板是姆妈出来打圆场:"喔唷,好咪,葛侬带伊去好了。唉!儿子,侬听好,到人家屋里勿好毛手毛脚,坐有坐相,立有立相,我关照侬,吃物事人家勿拨侬吃,你自家勿可以去动手的,我关照侬哦!"

"我晓得了,姆妈,我晓得了。"

乃末爷还要关照伊:"我搭侬讲,我带是带侬去,约法三章,三桩事体搭我做做好。第一桩,要叫人,懂哦?第二桩,要听我言话,懂哦?第三桩,勿好吃茶。"

沈:啊?为啥勿好吃茶?

王:真的呀,勿吃茶,吃好茶之后勿方便,晓得哦?第四桩事体顶要紧了,搭刚刚桩事体一样的,侬到厕所间去一趟。

沈:去过了!

王:去方便方便!勿是个呀,到人家屋里做客人勿好方便的呀。

沈:喔唷,真的是规矩大咪。

王:迭个侪是规矩。到人家屋里向去,从前屋里侪是石库门房子,踏进门口要叫人。侬叫人会叫哦?

沈:会得叫的。

王:是哦?

沈:阿姨爷叔,伯伯孃孃。

王:你在瞎叫。你这辂个叫法上海人叫"淘浆糊",看见男的女的乱叫的?要眼睛看牢人家。看到年纪大的,"阿婆,侬好!"鞠只躬。"外公,侬好!""孃孃,侬好!"眼睛要看牢被叫的人,身体微微叫屈一屈,表示鞠躬。再老早的老规矩要跪下来磕头咪,辂个现在侪免脱了。侬鞠只躬,表示有礼貌,乃末一片赞扬声。"辂个小人好的!辂个沈蕾自从工作之后好仔交关。老早勿讲过年老规矩

礼貌,现在讲礼貌了。今朝来做客人,坐坐坐!"坐着也有讲究的,小姑娘像侬迭能坐,勿来事的。坐有规矩的,坐有坐相,立有立相。你坐的辰光迭种衣裳顶好勿穿,最好穿长裤,两只脚并并拢,像淑女一样。

沈：但是这矮凳我也勿是老方便坐。

王：你勿讲迭只矮凳,会得坐的人真的会得坐。哪怕穿了裙子,伊坐的角度勿同,叫风情万种。

沈：还是侬"婀娜",王老师。

王：所以讲要有规矩。等到坐好,还有一点,大人在讲言话辰光侬勿好插嘴的。大人说,侬屋里今年生意做得哪能?身体哪能?你在旁边,"呵呵,勿灵的,阿拉爷失业了。""侬言话哪能介多啦?"所以小囡就勿讨人欢喜。

沈：关脱!

王：诶,乃末有种家长也老聪明的,伊关照好。人家拿出来点心,伊别样勿拿的,就拿粒糖,呶呶呶。

沈：堵牢嘴巴。

王：吃粒糖,言话勿多了。大人要讲闲话了,等到大人闲话讲好,乃末人家板要客气的。东家讲:"喔唷,侬走了啊?"

"阿拉走了,阿拉要走了。"

东家板会留侬,"饭吃去,饭吃去!侬也真是的,饭吃好去呐。"

"阿婆,饭勿吃了,刚刚中饭吃过。"

"啥个饭中午吃过,天也暗了,饭吃去,饭吃去!"

乃末侬言话勿多,言话一多就尴尬了。

沈："葛末就吃,阿拉勿走了!"

王：乃末尴尬了。

沈：辫个是客气阿是啊?

王：对,辫个是客气。

沈：勿当福气。

王：乃末等到走的辰光要搭人家打招呼,看见一个招呼一个。

沈：葛末就再阿姨、爷叔、伯伯、娘舅再讲一遍?

王：勿对的。迭个辰光打招呼搭刚刚两样的,刚刚来的辰光,伊拉因为屋里有客人来,从前上海屋里有客人来,走搭仔来,隔壁邻舍侪晓得的。为啥呢?正大光明的一桩事体。大家其乐融融,所以侬门敲进去。里向先叫出来,"啥

· 133 ·

谈谈身边事,回到老辰光

人啊?"门一开,"阿婆啊,是我,沈蕾。""喔唷,沈蕾啊,侬来啦。侬旧年来一家头,今年哪能又是一家头啦,男朋友没带来啊?"乃末上头人家已经侪晓得了,沈蕾来了,头要伸出来看了。等到跑的辰光,"阿婆,阿拉走了噢!""沈蕾走好!明年来拜年噢!顶好儿子一道带来噢!"

沈:没介快的!

王:闹猛,隔壁邻舍侪晓得的。所以侬走的辰光,你招呼的辰光,呒没介许多人的。看见啥人招呼啥人,搭人家讲再会。乃末有种人刚刚搭侬打过招呼以后呢,到隔壁房间去了。迭个东家如果有规矩的,伊要发话了,"二女儿啊,沈蕾要走了!"二女儿在里向,出来勿出来勿一定的。假使客气点,一定会出来。"蕾蕾,侬走了啊,侬来白相噢!"假使伊勿出来也有道理的,"姆妈,我在烫衣裳。蕾蕾来白相噢,下个礼拜来噢,我下个礼拜厂休。"好勁出来的。所以用勿着哇啦哇啦的,隔壁邻居侪晓得的,所以叫知根知底。

沈:有数,有数。

王:做客人的规矩大勿啦?

沈:大的,大的。

王:跑出去还有了。

沈:跑出去还有啊?

王:送人也有规矩的。一般人家石库门房子,勿送出石库门的。真的送出去了,你当伊客气啊?隔壁邻居要讲的,"今朝做啥了辩家人家?啥人来了?哪能介要好?一直送到车站。""伊拉单位里的男同志来看伊。""单位里的男同志来看伊,要送到汽车站?辩两个人的关系……"好了,尴尬了。

沈:为了防止人家瞎讲八讲,所以适可而止。

王:上海人的规矩,适可而止。送到弄堂门口是勿得了了,送到弄堂口勿大有的。

沈:怪勿得现在上海话有一句叫"覅拿伊送得太远"。

王:送得太远,是"送"得太远了。

沈:是辩个意思,我懂了。

王:"你拿伊送得远了。"辩句并勿是好话。"做人客"规矩还有,比方讲侬到人家屋里去,去的辰光天冷戴顶绒线帽,戴一条围巾。言话讲讲末忘记脱了,摆在伊拉写字台上,你人走了,哪能办?

沈:葛末回去拿呀?

过年老规矩

王：勿来三的,上海人的老规矩当中,侬当时遗失的物事覅去拿。去拿,反而有麻烦。为啥呢？因为侬想想看,头一个是尴尬。刚刚搭人家老热情地道别:"你来噢,想你噢!"哪能哪能。讲得像真的一样。

沈：侬哪能又来了？

王：门一敲,又来了,面对面老尴尬的。

沈：勿好弆能介的。

王：而且还要被人家落下话柄。门一开,"阿婆!""侬哪能又来了？""勿是,阿婆我的帽子落在㑚屋里向了。""噢,拿去拿去。"帽子拿去,还要拨人家讲一句言话,"沈蕾弆小姑娘介大了,还是投五投六,弆个小娘好像阿拉拿仔伊的帽子勿还伊一样的。"被人家落弆句言话。

沈：葛末我还是覅了,算了,就勿去拿了。

王：你派头大咪。我搭你讲,侬晓得应该哪能办啊？

沈：哪能办啊？

王：正确的做法是当天覅去拿,隔天去拿。或者派头大的还有,叫快递。

沈：叫快递末也蛮贵的,王老师。

王：从前大户人家是叫佣人送转去的,或者叫佣人来拿。你怕钞票没啊？笃定好了。阿拉讲到今朝了,马上要一个大的节日来了。

沈：对的,接财神!有钞票!

王：对,辰光差勿多了。

沈：哪能辰光又到了啦。

王：今朝讲"做人客",接下去明朝要讲的是"接财神"。

沈：好,明朝会。

王：再会!

接财神

（以下嘉宾主持王汝刚简称"王"，嘉宾主持沈蕾简称"沈"）

王：电视要看《新闻坊》，"上海闲话"大家讲。观众朋友大家好，昨日阿拉讲的是过年的习俗"做人客"。人家走过了，上海人过年的辰光还有一个风俗习惯，到现在还是蛮流行的，啥物事呢？就是"接财神"。

沈：王老师侬今朝穿得嫑。

王：做啥？

沈：侬像财神菩萨一样了，嗲，直接拿侬接回去算了。

王：珠光宝气，侬拿我接回去，当我洋囡囡啊。我搭侬讲，接财神是大有讲究的。

沈：哦，接财神也有规矩哦。

王：侬晓得哪一位是财神？

沈：我好像看到好几位，面孔侪差勿多。

王：两样的，阿拉简单点讲，基本上有五位财神，叫五路财神。辫个哪能分呢？中路财神是我的本家老祖宗，叫王亥。有两个是武财神，一个是赵公明，一个是关云长。还有两路是文财神，一个叫比干，一个叫范蠡。比干在《封神榜》当中是一个人物。范蠡，西施与范蠡辫只故事，几乎是家喻户晓。

沈：范蠡居然是财神，我今朝第一趟晓得。

王：卖相又好，高富帅。

沈：对，高富帅。今朝有数了，接财神也要挑好看的。

王：闲话讲转来，接财神要稍为早点的，一切准备工作侪做好，供的物事特别讲究口彩。像甘蔗节节高啊，橘子，福橘啊，侪有的。特别有一样物事，是个规矩，上海人拜年的规矩，啥个物事呢？是一对鲤鱼。迭个一对鲤鱼的背脊上，拿两根红色绳子串起来。

沈：活的哪能摆得好？伊要跳的呀。

王：阿是侬没办法了哦？阿拉的老祖宗，老上海人交关聪明。辩对鲤鱼放在桌子上，活蹦乱跳也勿像话。有窍槛的，就是剪两张小小的红纸头，拿鱼的眼睛封掉。鱼眼睛一封封掉了，赛过一个人戴着太阳眼镜，眼睛基本看勿清爽，只好打瞌睏了。所以辩两条鱼是勿会死的。

沈：对，就像我乘过山车，我吓是吓得来，眼睛闭着好像好一点。

王：所以阿拉老祖宗聪明哦？葛末为啥道理辩两条鱼一定要伊活呢？因为下头要派用场的。等到接好财神，辩两条鱼有个"节目"。我讲拨侬听，物事准备好以后，一看夜里十一点快就好迎财神了。从前大多数上海人住的是石库门房子，迎财神的辰光是有讲究的，啥个讲究呢？喏，石库门房子的门要留一条缝。

沈：啥体要开门啦？

王：门要开一条缝的呀，因为财神菩萨要进来的呀。

沈：葛末天冷来西的，我开窗来三哦啦？

王：侬当伊是贼骨头从窗户里爬进来啊。

沈：葛末索性大方一记，门跟窗一道开。

王：蛮好，门里进来，窗户爬出去，迭个是强盗。没有迭个规矩。所以开半扇门，然后点香的辰光要朝着门外头，表示我在迎接财神菩萨，喏，迭能样子。等到迭个香拜几拜之后，转过身，回过头。等到香插好之后，勿好朝外拜了，只好朝内拜，表示财神菩萨已经迎到屋里向来了。对财神菩萨磕头作揖，表示恭敬。如果财神菩萨已经迎进来了，侬还在朝外头拜，葛末财神菩萨尴尬了，葛侬到底要我来呢，还是要我回去呢？讲是讲叫让我来的，还在送我嘛。

沈：是的呀，侬哪能意思啦？侬想我来哦啦？我走了，脾气勿好的财神菩萨就走了。

王：所以财神菩萨也勿好做。每当初四外头放炮仗迎财神，财神菩萨头也昏了。

沈：介吵，是的呀。

王：对，放炮仗做啥呢？弄得伊头昏脑涨。侬要晓得，样样啥物事是有一个度呀，财神菩萨银子再多也有额度的呀，一塌刮子就迭点，到底拨啥人呢？伊本身也要考虑考虑，啥人多一点，啥人少一点。炮仗一放……

沈：当场吵昏了。

王：乱套了。

谈谈身边事，回到老辰光

沈：啥地方是接财神啦，是抢财神呀！

王：讲得一点也勿错。非但是在抢财神，还是在骚扰财神了。侬想，前两年我走过七浦路，还有几只商场门口，炮仗放得像打仗一样，我齐巧车子开过，吓得我车子叫伊拉停下来，勥开勥开，外头真是硝烟弥漫。

沈：王老师，现在勿是勿好放炮仗了吗？

王：对，所以今年勿好放炮仗做得对。因此讲禁了炮仗，我是投赞成票的。

沈：我也觉得好，哦哟，真的谢谢伊。

王：所以财神菩萨今年倒好咪，让伊悄悄地来，悄悄地走。

沈：伊也可以笃笃定定拣拣，到底要拨啥人钞票。

王：像有种人好的，多拨伊点钞票，有种人勿好，做生意坑蒙拐骗，少拨伊点钞票。像阿拉辣种人，平常苦恼来西，还是多拨阿拉一点。

沈：阿拉今朝能够接回去最好。

王：所以接财神是每个人美好的期盼。等到财神菩萨迎进之后，上茶，记牢，是五杯茶。

沈：勿是三杯勿就好了吗？

王：迭个是规矩，五杯。

沈：为啥要五杯？

王：因为有五路财神呀。

沈：五个人一人一杯茶。

王：对，所以五路财神摆五只杯子，五只盖碗。上头顶好摆两只檀香橄榄，迭个叫吃元宝茶。当然，从年初一开始，老百姓也在吃元宝茶的。迭个是新年的美好祝愿。迭五路财神五杯茶供好以后，基本上仪式差勿多了，喏，乃末要讲到台子上辣对金色的鲤鱼了。迭一对鲤鱼，就要拿出去放脱伊，是放生派用场的。既然放生，辣对鱼一定要活的，放到城隍庙九曲桥下头。

沈：放下去的辰光，勿要忘记帮伊"太阳眼镜"拿脱。

王：对，辣句话提醒得好，放下去的辰光，两张红纸搭伊拿脱。要勿然侬想想，一日二十四个小时，一日到夜戴副"太阳眼镜"也难过的呀。乃末重新放回去，迭个鲤鱼将来会拨侬带来好运，叫"鲤鱼跳龙门"。

沈：原来是迭个意思在里头。

王：辣能一来，接财神的整个故事已经结束了。天也开始蒙蒙亮了，因为过年老规矩

搿个辰光已经是凌晨三四点钟快了,要吃一些夜宵,肚皮也饿了。老上海原来吃啥个呢?年糕汤。其实还有一样物事好吃。好吃啥个?告诉侬,吃一碗羊肉面。

沈:吃羊肉面有啥个意思?

王:发羊(洋)财。

沈:对的对的,今年勿要忘记脱哦,吃羊肉面。

王:等到面吃好,整个仪式就结束了,搿能一来,今年财运一定好。

沈:有财有势,而且还有外币。

王:侬要介许多钞票做啥?

沈:我去买买买呀。

王:买啥物事?

沈:小姑娘侪想买的,买包包,买衣裳,买首饰。

王:闲话倒勿错。有仔钞票,小姑娘侪想买一点首饰,买只包咾啥。老上海人倒并勿是的,有了铜钿,"佛要金装,人要衣装"。啥体啊?要做新衣裳了。讲起做新衣裳,老上海也有规矩的。今朝辰光勿对了,明朝再讲:做新衣裳。

做新衣

（以下嘉宾主持王汝刚简称"王"，嘉宾主持沈蕾简称"沈"）

王：电视要看《新闻坊》，"上海闲话"大家讲。观众朋友，昨日阿拉搭大家谈了，老上海过年规矩当中的迎财神，今朝我伲要讲讲做衣裳。

沈：王老师，葛末老早底上海人的衣裳侪从啥地方来的呢？

王：衣裳是哦？有种是买的，有种是自家做的。上海人多，三六九等侪有的。比方讲去定做衣裳，像鸿翔、培罗蒙、龙凤旗袍店等。迭个辰光做一套衣裳价钿蛮大的，而且规矩蛮多。当然，质量是好的咾。侬要去做一套衣裳，呒没两三个号头是拿勿到的。哪能呢？首先侬要去买料作，买仔料作拿到迭个店去做。店里搭侬尺寸量好，量好做好以后还要叫侬去试穿。根据侬的身材，根据侬的情况再进行修改，所以衣裳到侬手里向，呒没两三个号头是拿勿到的。葛末普通市民没有介好胃口的。葛末哪能呢？去做衣裳。做衣裳有两种：一种是裁缝店里去做，阿拉上海大街小巷当中，有交关裁缝店，侬有仔料作可以请伊拉去做；还有一种比较特殊的，就是请裁缝到自家屋里向来做。

沈：为啥要请裁缝到屋里向来呢？

王：请裁缝到屋里向来有几个好处。第一，是比较称心。因为就在自家屋里向做，自家看得见，太长就剪剪短，太短嘛拼拼长，款式自家好定的。第二，比较合算，价格比人家要便宜，伊做生活比人家多。我记得一天的工钿，可以做一套西装还好加一条裤子，还好加两条短裤。侬假使搭伊招待好点，伊手上勤快一些，基本上还好搭侬做两样。

沈：一天的生活可以做介许多啊？

王：葛咾人家请伊来。

沈：葛合算的。

王：侬请人家来之后，也要热情接待。侬屋里譬如做三天衣裳，伊一日三顿吃侬的，甚至瞓也瞓在侬屋里向。侬招待得要好，小菜要弄得道地点，裁缝

· 140 ·

过年老规矩

师傅吃得开心点。一开心呢,手头上做得快点,所以请裁缝是到了冬天之后,家家弄堂里侪有的。

沈:我记得我小辰光好像阿拉屋里也请过裁缝的。乃末阿姨、邻居啥,侪过来套裁裤子咾,啥个一幅可以裁两条啥的,我反正也没搞清爽。

王:对的对的。一家人家请到裁缝,百家人家忙。哪能呢?隔壁邻舍听说,"喔唷!侬去看,沈蕾的屋里来了个裁缝,大家去看看啊!"乃末屋里向阿姨妈妈、婆婆妈妈侪轧进来了。首先要评论伊的生活。

"迭个嬢的嘛,迭个师傅勿错,手脚快的,侬看言话也勿多的。"

"师傅,侬姓啥?"

"我姓张。"

"张师傅是哦?啥地方人啊?"

"我泰州的。"

"泰州是哦?喔唷,迭个小人老实的。侬看两句言话一讲,面孔涨了血血红。几钿一日天啦?"

"我三块五。"

"三块五啊!上趟一家人讲四块了,他算三块五,便宜的。辣能样子好了,侬做好之后到我屋里向去做。"

生意好得勿得了,等到迭家人家男女老少全部做脱,总算完工。

沈:辣个一般性要做几日天?

王:一般要看侬衣裳多少。人多,衣裳多,做两三天。有种少的,做一天;多的,要做五六天。假使迭家人家今年有女儿要出嫁,或者有人要结婚,葛做起来要多了。一年四季,春夏秋冬,板要做几套衣裳。

沈:葛末屋里向一直有个外头人在,我还要派人在屋里,否则我出去哪能办呢?

王:侬放心,迭个辰光屋里人多呀。有种家庭妇女蹲在旁边的,阿姨、嬢嬢、唔奶、老爹。假使屋里有裁缝师傅在做生活,用勿着侬关照的,自然有人来的。譬方讲阿拉屋里向没人,双职工侪出去了,等到有人要来做衣裳了,特为打电话拿老人接搭来。外婆住在曹家渡的,拿外婆接过来。外婆陪裁缝,一方面烧拨伊吃,还有一方面看伊做生活。顶要紧的一方面,上海人有的辰光小鸡肚肠,生怕一个没看牢,裁缝师傅要偷布头,叫"裁缝落布",生怕裁缝师傅去偷布头。

沈：要监工监牢仔的。

王：乃末阿奶一面做针线生活,一面看牢伊。

"师傅,啥地方人啊?扬州人啊?阿拉搭侬是同乡呀。"

"我是扬州的,你是上海的,我们不是同乡呀。"

"伲侪中国人,阿是同乡人啦?哪能结婚结了哦?"

"我还没得结婚呢。"

"几岁啦?"

"我今年 30 岁了。"

"介大一把年纪啥体勿结婚啦?"

"我家里穷。"

"阿拉囡儿稍为大着一点点。"

"几岁?"

"45 岁。"

"啊?"

"讲错,35 岁!"

老热心的。做做生活,攀亲眷了。

沈：反正户口侪调查清爽了。

王：迭能一来,生活倒出来了,快得勿得了。

沈：王老师,我听说过做衣裳好像有句言话的,我小辰光也听到过的,叫"新阿大,旧阿二,破阿三"。辩个啥意思啦?

裁缝老资料

王：对，讲得一点勿错。从前辰光物质比较贫乏，买布要布票的，屋里小囡又养了多。没办法，"新阿大"，做一件衣裳总归做得大一点，拨阿大穿。乃末阿大穿下来变成旧的了，拨阿二穿。阿二穿好就破脱了，再缝缝补补拨阿三穿。所以叫"新阿大，旧阿二，破阿三"。

沈：阿三最勿合算了。

王：侬甏看伊最勿合算。有句闲话上海人专门表扬阿三的，叫"戆阿大，寿阿二，聪明阿三"。

沈：葛末阿三最聪明，就养一个阿三，阿大阿二甏养了。

王：诶，辫个办法倒聪明。只养阿三，阿大阿二甏养。侬甏搞了！前头两个没后头哪能出来啦？侬也真是的。乃末屋里向做好仔新衣裳，要出去做人客了。要着到外头去了，迭个着到外头去也有讲究的，特别是去做人客。好勿容易有件新衣裳，因为当时辰光，有件赤辣刮新里外三新的衣裳蛮少的。侬晓得啥叫"里外三新"？

沈：里头外头？

王：勿对。有些人讲的"里外三新"是里头外头着新的。里向作兴是一件破的呢？并勿是迭能。"里外三新"指一件衣裳，面子新的，夹里新的，当中的棉花或者丝绵也是新的，迭个三样物事新的，才能称为"里外三新"，迭种是勿大有的。乃末着仔迭件棉袄出去做人客，父母关照，当心点，做件衣裳勿容易的，甏着得龌龊来西。小人平常打弹珠，刮香烟牌子，抽贱骨头，斗棍虮，新衣裳一穿，乃末好了，像小菩萨。立着动也勿动了，端起来了，所以着了新衣裳样子会变的。不过也有例外的，像阿拉隔壁头有个人，吃了冤枉债。有一趟伊着仔新衣裳出去，到外婆屋里做人客去，阿爸姆妈带伊去的。到了外婆屋里向，伊做了只动作难看了，拉裤子。在外婆屋里拉裤子，爷娘看了，对伊眼睛白白，意思是甏拉了。乃末伊规规矩矩坐好，等脱歇又在拉裤子了。乃末爷娘勿开心了，阿爸面孔一板，"侬做啥啦？我带侬到外婆屋里来做人客的，侬一日到夜拉裤子，外婆看见侬介大的小囡勿懂事体。拉裤子啥意思啊？"乃末儿子讲了：

"阿爸，迭个又勿好怪我的咯。要怪姆妈的。"

"怪姆妈哪能了？"

"姆妈买的便宜货，搭我买的短裤，廿块洋钿买十五条，我着了觉着老勿适意的。后来我上厕所一看，看出毛病来了，一只裤脚管横丝柳，一只裤脚管直丝柳，当中的缝是歪的，我哪能会得适意呢？所以我一直在拉裤子。”

沈：还是覅买便宜货。

王：侬想想看，迭个辰光多少困难。勿像现在，衣裳多得勿得了，特别是倻女小人。

沈：阿拉永远少一件。

王：永远少一件，实际上是追求完美。

沈：王老师侬解释得我适意的，搿句言话讲得老好听的。

王：迭个就叫讨口彩呀！讲起讨口彩，上海人过年的老规矩当中，讨口彩必勿可少，今朝辰光到了，明朝再搭大家谈谈讨口彩。

沈：明朝会！

王：再会！

讨口彩

（以下嘉宾主持王汝刚简称"王"，嘉宾主持沈蕾简称"沈"）

王：电视要看《新闻坊》，"上海闲话"大家讲。观众朋友，昨天阿拉搭大家谈了做新衣裳，今朝谈谈讨口彩。

沈：王老师，啥个叫讨口彩？

王：讨口彩就是讲好话。特别是在新年里向，一年新年新岁，要讲一点好话，辫能样子大家一年当中祈求顺顺利利。

沈：葛倒也是的，一年到头，辫个过年的辰光，讲讲开心的话，讨只口彩，也是应该的。

王：对，上海人从新年开始，侪要讲好话了。特别是有一个日脚，叫年三十夜里。年三十夜里，爷娘一定要拨小囡压岁钱的。压岁钱是哪能来的呢？压岁钱现在比较简单，就是只红包，里向摆一点钞票。从前辰光，呒没介简单的。勿是单纯一只红包，伊有一只盘，辫只盘里要放几样物事，有文房四宝，有书籍，还有古董，白相的物事，侪是爷娘送拨小囡的，辫只物事摆在枕头旁边是压岁的。现在比较简化，就一只红包，红包里向是钞票。爷娘拨红包的辰光，一定要搭儿子女儿讲两句话的："儿子、女儿拿去辫个红包，关照俚啊，红包拿好，年夜饭吃好，侬就大一岁了；讲话要着拍点，勿二勿三的话勿好讲的，阿晓得啊？拿去。"孩子开心了，辫只红包派啥用处呢？也勿能拆开来的，是放在枕头底下的，而且有规矩的。交关小囡红包一拿拿来，互相攀比了。侬几钿啊，我几钿啊？我500元，我1000元。勿对，红包爷娘拨侬之后勿好打开，辫只红包要放在枕头底下头的，等到明朝早上年初一醒过来，枕头拿掉，下头辫只红包归侬了。

沈：葛好拆开了。

王：对对对。

沈：葛帮圣诞老人的礼物也蛮像的。

谈谈身边事,回到老辰光

王：㑚个是西方的,阿拉东方上海人就是㑚样的。
沈：过年的第一天,早上起来压岁钿拿好老开心。葛末要吃点物事了。
王：吃物事之前还有一桩事体,要开门的。
沈：吃物事之前先要开门。
王：侬勿开门,一年之计哪能开始呢?所以㑚个门一开,一天开始了。开门的辰光要讲一句闲话,叫开门大吉,两扇门打开了。门上有对联的,为了图吉利,外婆、奶奶拉着孙子孙女:"来来来,囡囡来来来,跟外婆去。"跟到外头。"侬看看,迭两个字识哦?侬读书读了介许多年数,㑚两个字识哦?""我来看,向阳门第春常在。"
沈：积善人家庆有余。
王：阿拉外孙女乖哦。
沈：介好的字侪要读出来。
王：好了,㑚个话一读是勿是老吉利,对哦?
沈：我也看到人家家里贴着,好像啥物事侪呒没的,就两张红纸头,㑚个是啥个意思呢?
王：有的有的。特别是杭州,伊拉贴的对联是呒没字的,㑚个叫无字对联。无字(无事)也是讨吉利,㑚个就是讨口彩,没事体,没意外的事体,平平安安一年。
沈：没啥个事体。
王：门开好进来,要吃点心了,吃的点心侪有讲究的。
沈：点心侪有讲究啊?
王：对,㑚家里吃啥个物事?
沈：阿拉家里吃汤团。
王：汤团,团团圆圆。
沈：吃春卷。
王：黄金万两,金条。
沈：吃馄饨。
王：馄饨,㑚个叫白银洋铺地。
沈：煎馄饨。
王：煎馄饨,叫金元宝。
沈：㑚两样我侪要吃的。
王：侪要吃的对哦,吃好吃水果了,水果也有口彩的。比方讲甘蔗,叫节节高。甘蔗,一节节高上去,节节高。橘子,大吉大利。长生果,长生勿老,迭个侪有讲究的。还有一样,如果客人来的辰光,要倒杯茶拨伊吃的。新年里吃茶,从年初一开始,吃的茶两样的。家里从前有盖碗的,下头是托盘,上头一只茶杯,上头还有一只盖子,盖子上头放两只橄榄。迭两只橄榄代表元宝,迭杯茶叫"元宝茶"。屋里向有老长辈来,有重要客人来,送上元宝茶。辩只橄榄,从前辰光勿像现在,从前交通勿发达,橄榄在阿拉此地绝对生长勿出的,只有在南方,啥个地方呢?广东、福建,特别是福建。福建出橄榄是大户,从前辰光上海人,据讲老上海吭没吃过橄榄,到人家屋里去,福建人拨伊吃橄榄,刚刚吃上去涩嘴巴,第二口吃上去苦,辩个苦得勿得了。上海人心里想,哪能福建人拨我吃药啊?介苦的。拿着橄榄往屋顶上一丮,覅吃了,辩个有啥吃头啦?稀奇了,辩只橄榄一丮丮脱之后,嘴巴里向满口生津,回味是一丝丝的甜,哪能嘴巴会甜的呢?哪能介好吃啦?

沈:味道越嗒越孅。

王:还有香味道,孅!乃末晓得了,刚刚辩只是好物事。乃末哪能办呢?丮也丮脱了。快点问人家借只楼梯,爬到楼上去,屋头顶上把橄榄捡回来。好在老早辰光侪是平房,侪是一层楼、两层楼房子,上去拿只橄榄捡来,揩揩清爽重新塞进嘴里,所以有句话叫"橄榄回味甜"。吃橄榄叫吃元宝茶,物事侪灵光哦?

沈:侪孅的。

王:橘子大吉大利,侪是要讲讨口彩的。讲到吃饭,有两个菜也是有口彩的,我勿是讲过嘛?比如讲吃塌棵菜,脱离苦海,黄豆芽,叫如意菜,还有一个菜家家人必备的,我一讲侬就晓得了,四喜烤麸。

沈:烤麸我最欢喜了。

王:四喜烤麸孅得勿得了,里向还有金针、木耳、花生、白果侪好摆的。烤麸烤麸,邪气重要。

沈:啥个意思?

王:老朝农耕社会,家里主要劳动力是男的。倒并勿是男尊女卑,男的是放在第一位的,所以依靠丈夫,叫靠夫靠夫(烤麸)。

沈:葛末靠勿着老公吃啥个?

讨口彩

谈谈身边事,回到老辰光

王：靠勿着老公只有靠自己。吃啥个？
沈：素鸡。
王：素鸡哪能好吃？
沈：勿好吃啊？
王：素鸡勿可以进门。素鸡属于豆制品,两样的,犯忌的。
沈：勿好吃豆腐的,对。
王：所以讲新年当中,豆制品勿进门的。
沈：有数了。
王：万一小囡事体做错了,也有办法。比如闲话讲错了,或者做事体投五投六,一只碗敲碎了,哪能办呢？快点讲句,"碎碎平安（岁岁平安）",或者讲句"百无禁忌,百无禁忌"。随后去贴张纸马,用迭个办法来的,像侬介皮的小人也少。
沈：我记得有一趟过年,老清老早,老冷的天,我一开门,我讲"要死了,今朝哪能介冷？"
王：啊！年初一侬讲辩句话啊？
沈：拨我外公"辣"打了一记。
王：打得好！
沈：外公讲,"侬讲啥个？""我讲'要死了'。""侬还讲。"打了两记。
王：侬索性问伊,"我阿里句话讲错脱？"然后伊讲了,"侬讲'要死了'辩句话勿能讲"。
沈：打外公是勿能打的。
王：我搭侬讲还有一个办法,小囡讲错一句闲话,马上补一句闲话。小人譬方过年过节讲了勿好的话,侬马上讲,"小狗放屁,小狗放屁"。小狗放屁,也算带过了。
沈：葛末大人讲错了呢？
王：大人讲错,老狗……吭没辩句话的,大人勿会讲错的。总而言之,辩点俉是吉利话,过年顶重要,从初一开始到整个过年俉要讲好话。
沈：俉要讲好话。
王：拜年,拜年一直要拜到初九了。拜年有规矩的,嘴巴里要讲好话,手里还要做动作。
沈：恭喜恭喜！

过年老规矩

王：侬掰个动作勿对了。作揖有规矩的，比如讲两只手，哪能正确呢？左手在前，右手在后，两边搭牢。

沈：介考究啊。

王：掰只手指揿在当中，老明显的。是啥个呢，是一只八卦？一只阴阳八卦，是最典型的，中国人作揖的手势。嘴巴里要讲好话，恭喜恭喜，懂哦？迭只动作要做正确，做得勿正确，人家要勿开心的。特别现在有种小青年勿管的，看到年纪大的，上去讲："老伯伯，恭喜恭喜。"迭个手势勿来三的，掰个只有拜佛，或者是拜死人可以用的，活人一定要掰能的。

错误拜年方式

正确作揖手势

沈：掰能介，葛末我老早侪……

王：做错了，所以呒没规矩。阿拉讲到现在，讲了七天，侪是上海过年的规矩，当然许多是有道理的，也有许多甚至是呒没道理的，博大家一笑。但是毕竟迭个是上海掰个城市，从形成到现在，历程当中经过的一些事体。阿拉其实也蛮年轻的，我有老长辈，阿拉向伊拉请教，想把迭个作为一份礼物献拨大家，谢谢各位观众朋友陪伴了好几天。在掰搭阿拉真心祝愿侬，向侬拜年，祝老年朋友长命百岁。

沈：祝青年朋友财源广进。

王：祝小朋友读书聪明。

沈：祝大家身体健康。

王、沈：万事如意！

阿王拜年

京剧表演艺术家尚长荣

尚长荣,著名京剧表演艺术家。伊从小受到家庭艺术熏陶,五岁登台,十岁正式拜师学习京剧花脸。尚先生的声音洪亮、宽厚,表演艺术博采众长。上个世纪90年代初,正式调入上海京剧院之后,先后成功出演了《曹操与杨修》当中的曹操、《贞观盛事》当中的魏征、《廉吏于成龙》当中的于成龙等角色,塑造了一个个有血有肉、深入人心的艺术形象。尚先生是国家级非物质文化遗产首批传承人,也是中国戏剧界第一位梅花大奖得主,伊获得的其他大大小小的奖项、荣誉更是不计其数。2017年6月,伊还被授予中国文联终身成就戏剧家荣誉称号。

(以下尚长荣简称"尚",尚长荣妻子高立骊简称"高",王汝刚简称"王",舒怡简称"舒")

王: 春节《新闻坊》,"闲话上海"听我讲。辣次阿拉是特别节目"阿王拜年",有好几天。今天第一家,辣家人家讲起来赫赫有名。

舒: 到底是啥人呢?

王: 屋里向几代侪是演员,而且侪是名伶,是赫赫有名的京剧表演艺术家。

舒: 尚长荣老师?

王: 小姑娘真是聪明。尚老师的戏大家看了勿少,特别是在上海的辰光,可以讲他演一部红一部,红一部得一部大奖。

舒: 葛末今朝结棍了,今朝是珠联璧合,今朝重量级的节目好看了。

王: 迭个勿叫珠联璧合,辣个叫"小巫见大巫"。

舒: 走!

舒: 新年好!新年好!搭侬拜年了!

谈谈身边事,回到老辰光

王：红光满面。
尚：谢谢侬。
王：搭侬拜年！
尚：新年好！新年好！

王：尚老师侬好。
尚：侬好。
王：老开心的,过年了向侬拜年！祝侬身体健康,万事如意,越活越年轻,越活越快活！
尚：谢谢。

搭尚老师拜年

舒：尚老师,侬上海言话讲了老好的嘛！侬说两句。
王：侬来上海几年了？
尚：廿八年。
王：廿八年是老上海了。
尚：半个老克勒。
王：老克勒,绝对老克勒。
舒：老克勒,现在听应该侪吽没问题的。但是讲是讲得勿多,对哦？
尚：上海言话老难的,比较难,但是我非常喜欢。
王：侬在上海廿八年,是非常勿平凡的廿八年。我作为一个上海市民,作为文艺界小侬一辈的学生,我看过侬演的每一出戏,侬演的戏,真是让我感到真正钦佩。特别是看侬的《曹操与杨修》,侬前头曹操一出来,一出来就夺人眼球。

饰演曹操

尚:我工作和生活调到上海是有这么一个"介绍人"。

王:哪一位?

尚:曹操!

王:曹操?

尚:曹丞相是我的"介绍人"。那是1987年,我得到了这个剧本,当时我的目标选定了上海,我就觉得这个戏要排,在上海排,一定能够搞出来。那时候我就夹着剧本,听着贝多芬的《命运交响曲》,坐着火车、夜闯潼关、潜入上海滩,谋求同上海京剧院的合作,现在想起来,31年了。

王:快哦? 31年。伊真所谓是一炮打响。

舒:谢谢尚老师。

王:侬辣几本戏阿拉侪看过的,侪要学习的,像《霸王别姬》《曹操与杨修》。

舒:《廉吏于成龙》。

王:对,于成龙孂的!

尚:谢谢!

王:我听说你为了唱好于成龙,塑造这个角色,深入到啥地方去?

谈谈身边事，回到老辰光

尚：减肥！

王、舒：减肥？

尚：我自己减肥！其实那个时候，虽然不算太胖，我总觉得演于大人，演于老先生，他又叫"于青菜"，不能太富态了，想尽了办法，减了8公斤。

王、舒：16斤啊！

尚：对的。

舒：我觉得侬虽然讲退休了，但是一直退而勿休，还是在继续忙京剧的事业，所以会保养得介好，心态也老好的。

尚：应该说每天早晨睁开眼睛，第一句话就是"快乐工作生活每一天"。

舒：我最佩服尚老师的一点，就是在廿几岁到三十几岁，就是阿拉讲起来风华正茂的辰光，尚老师㧱个辰光呒没办法唱戏，㧱个辰光是最最苦的辰光。

饰演于成龙

尚：对。

王：㧱个是没办法，是整个民族的灾难。

尚：应该说在这十年当中吃了不少苦，但是我觉得使我更认知了社会的冷暖人生。那个时候说话的声音都不敢太大，尾巴不能翘起来，不能嚣张，有很多"不能"，一直很压抑。我记得在粉碎"四人帮"的时候，要到街上去歌唱，打倒"四人帮"。那时候嗓子不行了，当时我横下一条心，只当第二遍倒仓（变声）。天天到郊区，天没亮到公园，在河边。那时候在西安，面对皓月，有时面对风雪喊嗓子。

· 156 ·

王：那有多久？

尚：怎么也得有个不下小半年。

舒：才恢复？

尚：它不是说马上就能恢复的。

王：痛苦，阿拉侪有迭能的体会，一个演员嗓子一旦勿好，是真的痛苦！

尚：所以说，在变那种困苦浩劫、困难不利的因素为一种激励和促进的动力，所以到现在70多岁还能演戏，也就是在舞台上能够不断地摸爬滚打。

舒：尚老师，葛末在迭个十年当中，是勿是您太太也拨了您最大的扶持和帮助？

尚：她是我最大的支持者。无论是现在和以前，还有当我最困难的时候，那是我们共同携手，度过了一段最艰苦的历程。应该说，我们金婚已经过了，现在的目标是等待钻石婚。她是我第一个女朋友，我是她第一个男朋友。

舒：侬已经金婚了，侬介许多年秘诀是啥？

尚：应该是相互之间相互理解。特别是作为丈夫、作为男人，有些事情意见不统一的时候，按我们戏剧界来说，叫让一板，就是让一拍，就什么事全都解决了。

王：听见哦？回去叫俚老公看一看。

舒：勿用我听见，我要让阿拉老公听见。

王：要叫俚老公听见。尚老师的秘诀就是慢一板，让一拍，让一步。

舒：那阿拉请高老师来吧。

舒：阿拉通常会得觉着事业高头老成功的人，伊可能会忽略家庭，我勿晓得尚老师在辩个方面是哪能平衡好的？

高：我觉得尚老师好像他把这个处理得很好。因为什么呢？他在事业上虽然是付出了很多，但是他没有忘记家庭，他爱我们家里的每一个人，所以我觉得他两不误。

王：讲得好！尚老师是我们男人的榜样，是我们的标杆。

高：还好吧。我觉得尚老师还是做得蛮好的。

王：尚老师，你大概难得听见嫂子这么说的吧，这么表扬你。

尚：这么表扬确实啊。

王：很难啊。

谈谈身边事,回到老辰光

排练

尚老师与爱人

尚：一个是我也很忐忑，因为做得还很不够，这个确实，一个家庭，光男人，你说工作好啊什么，如果他只顾着自己，没有这个家，他的事业终究不会久远的。我之所以没有后顾之忧，因为我有一个幸福的家庭。

王：好！

尚：这个幸福家庭的构建核心不是我自己，军功章的多一半，是我内人。用上海闲话讲，"勿是拍马屁"。不知道我的上海闲话，对不对？

舒：对的。

王：老标准的。㑚两家头依看多少有夫妻相。

高：因为我们家里也经常这样说。我们说尚老师在我们家，就是我们家的一棵大树，大家都在这棵大树下面，所以我们要爱护这棵大树，我们要关心他，不是他光关心我们，因为我们看到他付出了很多，很累。所以我们大家，孩子们、小孙子都很爱爷爷。

主持人与尚老师全家合影

《新闻坊》主编夏进与尚老师合影

王：我听到都感到幸福。观众很关心侬,想问问侬的日常生活哪能?每天早上起来。

尚：写写字,看看书,逛逛小菜场,买汏烧。

王：伊菜烧得老好的!

舒：侬亲自去逛菜场啊?

尚：对的。

舒：人家会宰你哦,还是拨侬便宜啊?

尚：有的菜场都认识的,我比较忙一点了,好长时间没去,他们会说:"尚老师,侬好长时间没来了,是不是忙啊?"

舒：你会讨价还价吗?

尚：这个我有点不灵。我一讨价还价,恐怕讨不下来。

王：尚老师,观众朋友老牵记侬的,阿拉希望侬对了电视镜头向观众朋友拜个年好哦?

尚：好的。在电视机前的观众朋友们,大家好!新年到了,戊戌旺旺之年到了,祝大家在新的一年事业发达,阖家欢乐,吉祥如意,财源广进!

昆曲表演艺术家蔡正仁

蔡正仁,著名昆曲表演艺术家,原上海昆剧团团长。1961 年毕业于上海市戏曲学校,工小生,师承俞振飞和沈传芷等昆曲名家。蔡先生的音色宽厚洪亮,表演洒脱大方,能昆能京,唱念俱佳,有"小俞振飞"的美称。伊擅长表演《长生殿》中的唐明皇、《牡丹亭》中的柳梦梅、《太白醉写》中的李白、《白蛇传》中的许仙,还曾获得第四届中国戏剧梅花奖,以及第五届上海戏剧白玉兰表演艺术主角奖。2007 年,伊带领上海昆剧团复排全本《长生殿》,2017 年更是带领老中青演员,让箇部戏登上了国家大剧院的舞台。

(以下蔡正仁简称"蔡",王汝刚简称"王",刘晔简称"刘")

王:春节《新闻坊》,"闲话上海"听我讲。今朝阿拉是系列节目"阿王拜年"。

刘:没错,王老师。今朝阿拉要拜访哪一位呢?

王:今朝结棍了,到"皇帝"屋里去。

刘:哦唷!弄大了嘛。

王:唐明皇。

刘:唐明皇啊!

王:一听大家侪晓得,是昆剧表演艺术家蔡正仁老师,阿拉今朝就去搭蔡老师拜年!

刘:好的。

王:就在箇幢大楼,葛末阿拉上去。

王:蔡老师。

蔡:王老师侬好!

王:蔡老师,搭侬来拜年!

阿王拜年

刘：阿拉拿了束鲜花咪。

蔡：谢谢，谢谢！

王：蔡老师，侬好侬好，过春节了，交关戏迷朋友侪老牵记侬，阿拉两位代表广大戏迷广大观众，向侬来拜年！蔡老师，侬最近身体好哦？

蔡：身体还可以。

王：侬现在在做点啥啊？

蔡：迭两天我一直在苏州，昨日刚刚赶回来。帮苏州昆剧院（排戏），我现在头一趟当导演，伊拉呒没导演，我做导演。

王：哪出戏？

蔡：《琵琶记》蔡伯喈。

王：侬帮伊拉排戏？

蔡：迭出戏马上就可以演出了。

王：今年正好是俉团庆40年。辫个是阿拉蔡团长立下的汗马功劳，伊勿晓得跑了多少路，写了多少信。为了恢复昆曲艺术，为了弘扬祖国的民族文化，伊是功勿可没。

蔡老师排练

蔡：谢稚柳谢先生，和陈佩秋陈老师，伊拉两个人也是昆曲迷，伊拉两个人当时来做我的工作。伊讲蔡正仁，现在"四人帮"粉碎了，侬啥体勿来叫大家一道，拿上海昆剧团恢复起来。我讲，辫个蛮难的，昆剧团要恢复起来，呒没上海市委批准、下决心哪能来事呢？

谈谈身边事,回到老辰光

王:谈何容易。

蔡:伊讲侬啥体勿可以写封信呢?葛末我讲谢伯伯,我信写出来之后,哪能交到伊拉手里向呢?谢伯伯讲,蔡正仁侬迭个人糊涂啊。我来告侬送上去,侬相信哦?诶,辬个有道理,乃末写了一封信,交拨谢伯伯。的确,很快就亲自送到辬个几位领导手里,大概 1977 年冬天,我写的。到 1978 天春节以后,马上就有回音了,上海市委正式批准成立上海昆剧团,当时辬个辰光我还记得辬个批文我看的,"成立上海昆曲剧团"。葛末我就跟当时上海文化局局长李泰成讲,我讲李局长,就叫"上海昆剧团"末可以了,勥叫"上海昆曲剧团",对哦?伊讲,啊?这个市里面是这么批的!我讲,李局长侬想想看,上海京剧院、上海越剧院,侬总勿见得叫上海京剧剧院、上海越剧剧院,迭能念起来难过勿啦?

刘:多一个字。

蔡:伊一听倒是,迭个倒是侬有道理。伊讲好,阿拉来。我就作主了,上海昆曲剧团,就改成上海昆剧团,乃末从此上海昆剧团就成立了。

蔡先生与王汝刚父子和刘晔合影

刘晔采访蔡先生

刘:像刚刚前头讲,我讲因为老多年轻人侪老欢喜的,老重要的一个原因,就是《长生殿》。刚才前头在门口的辰光,王老师也讲了,伊讲阿拉要去拜访"唐明皇"。因为年纪轻的人,对于《长生殿》或者对于昆曲来讲呢,其实一开始的辰光并勿是老了解,但是因为复排了之后,有老多年轻的观众会走到剧场里面去看,看好之后会得老欢喜。

蔡:京剧也改编了大量的譬如讲《长生殿》,譬如讲啥梅妃啊,啥《太真外传》啊,其他剧种也有,但是改来改去,侪弄勿过昆曲的《长生殿》。因为迭个洪昇写得是了勿起,所以《长生殿》是昆曲的经典的经典。凡是昆曲演员,尤

其是唱小生的,如果侬勿会唱《长生殿》是通勿过的,《牡丹亭》更加甮讲了,全国八个昆剧团,现在呒没一个剧团是勿演迭个戏的,肯定侪演迭个,是经典的。

刘: 就像阿拉刚刚讲到的《长生殿》,介经典的剧目,现在年纪轻的人老能够接受,是勿是在排演中,包括迭趟复排当中,有一点创新的物事加了里向?

蔡: 实际上昆曲的创新,首先我想要强调一下,昆曲所有的创新,它必须有一个大的原则,就是必须是要在继承昆曲的基础上进行创新。侬勿好脱离了昆曲搞创新,唱得昆曲勿像昆曲,歌曲也勿像歌曲,箇个勿叫创新,对哦?《长生殿》所谓的创新,就是在排练上,人物的处理方面,音乐的加强、丰富,箇种物事阿拉侪进行了加工、提高,适应于当代的观众,尤其是年轻观众,非常欢喜听,也欢喜看。

王: 当然依表演得也好,勿但是唱腔,譬如《太白醉写》当中,箇个几声笑,我服帖侬的。

《太白醉写》剧照

蔡: 王老师侬讲的《太白醉写》,箇只戏呢,是阿拉昆曲小生当中,顶顶难演的戏。俞老师(俞振飞)讲拨我听,伊廿岁左右学的箇只《太白醉写》,一直勿敢演。我讲侬啥体勿敢演,伊讲"我认为自家演勿好,勿敢演",一直到伊40多岁,大概学了廿几年以后,伊才慢慢叫,慢慢叫,试着上去演。演到后头,赫赫有名的箇出《太白醉写》,成了俞振飞的看家戏、代表作。我讲,老师依箇只戏顶难是啥物事?伊讲顶难的,是一个醉态。因为箇只戏从一开始上场,就是吃醉了。昨日夜里向酒吃得酩酊大醉,还没醒过来,早上皇帝要叫伊去了,葛末只好起来了,但是伊人还没有醒透,箇种样子,侬哪能表演出来。而且还有

谈谈身边事,回到老辰光

一个特点,搿只戏,从头到末,唱只有两句,全部是表演,还有就是各种各样的笑,伊看见高力士,搿个高力士,侬算啥物事?

王:看勿起伊。

蔡:专门拍马屁。高力士讲:你不认得我这个高常侍的虎威吗?李白一看,搿种人,"什么虎威,嘿嘿嘿嘿",搿种笑。

王:邪气鄙视伊。

蔡:还有哈哈哈哈哈,大笑,还有一种狂笑。各种各样的笑,在搿只戏里向全部都有。乃末我还想起来,当初学搿只戏的辰光呢,最最难的也是最最达勿到要求的,就是这个笑。俞老师笑呢,伊是哈哈哈哈。

王:有自己特色的。

蔡:我练笑呢,哈哈哈哈,没气了,练了半天呢,顶多笑四五声,就没了,就没气了,我实在弄勿出来,哪能办呢?我就去问俞老师,我讲老师,我听侬的笑,笑得很长的,很豪爽!啥道理我笑四五声笑就没有了,气也没了。

王:而且伊年龄还比侬大。

蔡:比我大。

王:中气比侬足。

蔡:对,中气比我足。

王:迭个里向有窍槛的。

蔡:对,俞老师听见我搿能介问伊呢,伊讲,蔡正仁,侬要动动脑筋,侬要苦练,唱戏一定要苦练的,但是光苦练勿来事,还要巧练。我讲,对对对,哪能巧练呢,笑哪能笑呢?乃末伊讲拨我听了,伊讲侬搿个肚皮,侬就拿伊当成一只皮球,大的皮球,侬搿只皮球捏牢,一捏一放,一捏一放,永远勿会没气的。我想,搿倒对的。乃末伊又讲了,哈,哈,哈,哈,伊讲侬一直"哈"下去好了。

王:所以侬搿能一讲呢,我也蛮有感触的,比如阿拉现在年轻的演员,阿拉说唱演员,侪会唱《金陵塔》的,每个人能够唱:"唱只唱……",气可以拖得老长的,但是拖到后头没味道。但是阿拉袁一灵大师,伊非但拖得辰光长,而且节奏、味道侪在当中。侬迭能一讲,迭个物事一般角儿勿大会得讲的,一定有窍门,也就是经验,只有自己得意的门生,自己信任的学生伊才肯传授。迭个俞老是拿真谛教拨侬了。

蔡:所以我一听,听了叫顿开茅塞,原来是搿个道理,老清爽,我哪能想勿到呢?照伊的办法,我再照着做,就哈哈哈哈哈哈,一直可以笑下去了。

王：我记得墙上迭幅物事好像是俞先生写的。
蔡：搿个是俞老师写拨我的。

转益多师与古同，
总持风雅有春工。
兰骚蕙些千秋业，
只在承先启后中。

王：老先生对侬的评价很高。刘晔，讲拨侬听，伊的孙囡是伊最大的戏迷，而且一直搭侬一道表演的是哦？
蔡：对。
王：几岁？
蔡：搿个辰光表演是十岁。现在过年（2018年）了，要十一岁了。
王：好像在《喝彩中华》的节目当中一道表演的。
蔡：伊唱了一段《游园》。

为孙女站台

王：也像模像样的。
蔡：搿个小家伙有个特点，伊勿管侬台上有多少人，或者侬电视台叫伊去拍，伊勿吓的，伊上去全部放松，我想迭个倒是（蛮难得的），搿个对演员是老难的。有的演员上台去，人一多，马上紧张，一紧张，发挥勿出来了。
王：观众是自家人，看到自家人末吓点啥呢？所以越唱越开心了。

谈谈身边事,回到老辰光

刘:"小毛头"的辰光蔡老师侬就开始教伊了。

蔡:也勿叫教,因为是哪能呢?伊爷娘抱伊,勿晓得啥个道理,一直哭,哭来哭去,我讲㑚让我来抱哦,乃末我拿伊抱起来,还哭,我想㸐个哪能办呢?我就交伊唱昆曲了。

刘:人家唱儿歌,蔡老师唱昆曲。

蔡:我就唱,"原来姹紫嫣红……"㸐个一段《皂罗袍》唱了一半,小家伙睏着了。

王:阿拉今朝来呢,另外还有一个任务,观众朋友呢,交关牵记侬,请侬在电视机前头对着阿拉的镜头,搭大家拜个年好勿好?

蔡:好!告大家拜个年,祝大家春节愉快!幸福健康!

越剧表演艺术家王文娟

王文娟,著名越剧表演艺术家,国家级非物质文化遗产项目"越剧"代表性传承人。文娟老师工旦角,在表演上善于描摹人物神态,传达内心感情,唱腔情真意切、委婉曲折,成功地塑造了许多舞台形象。1958年,文娟老师和她的搭档徐玉兰老师首演越剧《红楼梦》,两人分别扮演林黛玉和贾宝玉,经过不断地打磨,创造了越剧舞台上家喻户晓的经典剧目。王文娟老师也因此成为许多中国人心目中"永远的林妹妹"。上世纪50年代初,文娟老师还作为总政文工团越剧队的成员,上过"抗美援朝"的战场,为中朝两国人民的子弟兵表演,荣获志愿军司令部颁发的二等军功章。

(以下王文娟简称"娟",王汝刚简称"王",刘舒佳简称"刘")

王:春节《新闻坊》,"闲话上海"听我讲。今朝是阿拉的特别节目"阿王拜年"。

刘:葛末今朝阿拉要跟啥人去拜年呢?

王:阿拉今朝搭一位"90后的妹妹"拜年。

刘:"90后的妹妹"?王老师,阿拉勿侪是帮老艺术家去拜年吗?

王:迭个"90后的妹妹",全国人民无人勿知,无人勿晓。

刘:介结棍啊?伊是啥人呀?

王:天上掉下个林妹妹,有名气哦?

刘:哦,辩个妹妹啊,是越剧泰斗王文娟老师。

王:对,表演艺术家王文娟老师就住在此地,搭伊约好了,阿拉上门搭伊拜年,走!

娟:哦哟,王老师,要侬劳驾真勿好意思!

王:新年好!

谈谈身边事,回到老辰光

刘:王老师,新年好!

娟:请坐请坐,侬请坐!

王:交关观众老牵记侬,非常惦念你,所以阿拉代表广大电视观众看望侬!

娟:我现在就是侬的"粉丝"。

王:侬客气。

娟:我一直在电视里向看到侬。

王:侬介好的精神面貌,观众一定老高兴。阿拉王老师身体老健个,精神介好,反应特别快,灵光!

娟:看到侬侪高兴的。

王:开心开心!

王文娟年轻时艺术照

访谈工作照

娟:实际上我是侬的"粉丝"了。

王:侬客气!

娟:我一直在看电视,侬总是带拨观众,带拨我伲快乐,要谢谢王老师!

王:要谢谢侬!今年我晓得,是阿拉《红楼梦》辣本戏上演60周年,辣个倒是一个老值得纪念的日脚。60年,迭个辰光侬刚上《红楼梦》的辰光只有几

· 168 ·

岁啊？

娟：迭个辰光是三十多岁。

王：三十几岁。我看过很多的《红楼梦》的版本，有上海的，有外地的，除脱越剧，还有其他剧种的，我眼睛里看到的可以讲，我心中的林妹妹只有一个，就是侬！

娟：谢谢。

王：其他各有长处，各有千秋，但是要超越侬，没有的，侬是人家勿可逾越的丰碑。

刘：辫个辰光我还听到过一个故事，讲王文娟老师一开始去演《红楼梦》的辰光，是自己要立军令状的，讲我一定可以演得好的！

娟：因为当时《红楼梦》呢，是徐进先生写的，是越剧院的重点剧目。越剧院当时有好多花旦了，包括袁雪芬、傅全香，下面还有吕瑞英、金彩凤，许多花旦都很想演。这个时候呢，我在演《追鱼》的时候，总支书记和编剧徐进，看完戏以后到后台来，他问我："王文娟，你喜欢演林黛玉吗？"我说："当然喜欢！"他说："你演得好吗？"我说："演不好砍我的头！"你看我，立下军令状了，后来真的给我们那个团演了，所以我高兴，但是又担心，我军令状已经立过了，到底演得好演不好？当然我对自己也有信心，对哦？我因为对林黛玉这个人的性格也好，遭遇也好，一方面从小就听妈妈爸爸讲过，因为我爸爸是个教师，那么他也讲故事拨我听的，所以呢，从小有这个印象，林黛玉就是要哭，身体不好。所以谁身体不好，小姑娘小的时候要哭，人家就会讲，你怎么像个林黛玉呀，都是这样讲的。

王：对对对！

越剧《追鱼》剧照

越剧《红楼梦》剧照

谈谈身边事，回到老辰光

娟：所以我想演这个戏，那我要搞清楚，她为什么要哭？是这个人天生要哭，还是因为环境所逼，或者有另外的原因？那我一定要搞清楚。

王：要研究。

娟：对，当时我就读原著。

王：王老师讲的辩点，我老有体会的，因为阿拉演戏是相通的。我勿能和侬比，但是侬的戏我也在研究，在看的。伊搭贾宝玉在一道，伊会哭，为啥呢？因为伊心里有一种复杂的感情。伊进贾府，看见外婆又是哭，又是另外一种感情，最后焚稿，伊淋漓尽致地哭，辩个是到最苦的辰光，登峰造极了，被侬"骗"脱交关眼泪啦。我讲一个故事拨侬听听，说明侬演得成功。上世纪60年代的辰光，有一次电视实况转播越剧《红楼梦》，史无前例的。老早电视呒没介普及的，阿拉屋里也没有电视机，阿拉姆妈的一位朋友，在百货店里做的，在啥个地方？十六铺。阿拉姆妈搭我讲，晚饭早点吃好，今朝带侬去看电视，徐玉兰、王文娟老师演的《红楼梦》。我就跟去了，因为我从小欢喜看戏。到十六铺，噢哟！跑进去一看，人家一只会议室啦，大概平常辰光最多蹲30个人，辩天60个人也勿止了！我这双鞋子几趟被人家踏下来。辩个场面，我印象深刻。

娟：讲到林黛玉，有许多林黛玉的遭遇，我不是没有遭遇过。我从小出来，当时虚岁13岁，实际上只有11足岁，我就到上海来了。离开家的时候，觉得要离开爸爸妈妈，还有兄弟、妹妹，所以我走一步回头看看，好像出去以后不晓得到哪里去，什么辰光能够回来。所以真正体会到了骨肉分离之痛。那个时候我就想，林黛玉可能到外婆屋里来。

王：也是辩种感触。

娟：对，辩能的感触。还有一个呢，我到上海以后呢，就是依靠我老师，过去（演员）有歇夏（的惯例），㑚有哦？

王：有的有的。

娟：歇夏的时间比较长，我家里没有房子，就跟着老师。老师是红演员，她有好多"粉丝"请她吃饭，请她到家里去坐，我就跟在后面，心想，我就是一个寄人篱下的多余的人。夜戏演好以后要夜宵，那么我住在人家屋里，老师跟朋友在谈，我早一点去睡吧。睡到半夜他们吃夜宵，我老师讲："哎，彩娟。"我的小名叫彩娟，"彩娟，侬来吃点夜宵"。我都不好意思，我觉得住在人家屋里，已经是多余的了，辩个夜宵我就不吃了，实际上我很想吃，要是我在家里的阿王拜年

话,就要抢着吃了,但是现在住在人家屋里,寄人篱下,这个日子确实是不好过,所以自己只好咽咽唾沫,睡不着。

刘:迭个感觉真的是,能够反映到林妹妹身上。

王:所以拿自己的经历,摆到林妹妹的身上。

娟:辫种感觉,不是说演戏要体验嘛,对我演林黛玉是很有帮助的。

刘:其实我今朝真的要感谢王文娟老师,能够听到辫能多的故事。

王:王老师,我觉得侬现在的生活真的老幸福。在侬的从艺过程当中,步入了晚年之后还是喜事老多。我晓得侬曾经参加过中国人民志愿军,在总政,到过朝鲜,对哦?听说前几年正式承认过你们了,对哦?

娟:对,那个辰光的条件就是要年轻,要进步的,要观众欢喜的剧团,那么后来就选到了我们的剧团。总政,主要是慰问部队,到舟山、福建,到前线去慰问。

王:了勿起!

娟:后来到东北去,那么大家觉得到鸭绿江边了,那个时候觉得志愿军在前面打仗,我们隔一个岸,在这里演出,那么大家跑到"门前"不到前线去慰问一下,觉得是非常遗憾的事。

王:侬觉悟老高个。

娟:一踏上朝鲜,那里是新义州,实际上就是前线。它所有房子都炸掉了,地上都是炸弹坑,很大的炸弹坑,所以我们一直通过封锁线,再到"三八线"。

王:女英雄!

娟:那不敢当。

刘:其实两年以前,我记得王老师还登台表演,辫个辰光坐在下面老多侪是"80后""90后"。

娟:那个专场叫《千里共婵娟》。我搞过两个专场。为什么要搞呢?我想把我演过的戏,用唱段也好,用折子戏也好,用这样的形式记录下来,给后一辈可以参考参考,所以我搞了两个专场。

王:王老师,今朝辰光差勿多了。

娟:好的。

王:最后请侬跟电视观众拜个年。

娟:祝大家新年快乐阖家幸福!

国画家"民间艺人"戴敦邦

戴敦邦,中国著名国画家,号"民间艺人"。戴先生擅长画人物,特别是中国古典小说当中的古装人物。他的作品气魄宏大,笔墨雄健豪放,形象生动传神,画风雅俗共赏。他不仅是人物画的大家,而且还是中国唐代文学会会员,中国红楼梦研究会会员。他画的《红楼梦》当中的贾宝玉、林黛玉或坐或立,神态各异,栩栩如生。他的代表作《水浒人物一百零八图》,也是生动传神、张张精彩。

(以下戴敦邦简称"戴",王汝刚简称"王",刘晔简称"刘")

王:春节《新闻坊》,"闲话上海"听我讲。今朝阿拉到国画大师戴敦邦先生屋里去。

刘:戴先生我晓得的。老小的时候看伊画的连环画,四大名著侪有的,包括《少年儿童报》,讲起来小辰光经常看,但是从来呒没看到过伊本人。

王:看到伊本人侬会大吃一惊,为啥晓得哦?

刘:什么道理?

王:卖相好得一塌糊涂。葛末迭能,阿拉去望望戴先生。

王:阿拉代表电视观众向侬拜年!祝侬身体健康,万事如意!

刘:祝戴老师艺术长青!

戴:大家好!

王:戴先生,侬身体蛮好咯。

戴:还可以,交关可以。

王:大家交关牵记侬。

戴:我应该讲是半个残疾人。

主持人献花

我呢,辫只眼睛全部瞎了,辫只耳朵听勿见,基本上迭个一半勿太有用了,就靠左边,真正是"左派"眼光。

刘：戴老师侬画的时候,是坐着画还是立着画呢?

戴：我的家生大的,是爬在梯子上画的。

刘：现在也是爬在梯子上画哦?

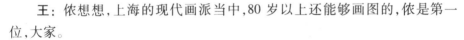
访谈

戴：对,还要爬到顶上面去。

王：侬想想,上海的现代画派当中,80岁以上还能够画图的,侬是第一位,大家。

刘：是的,而且像我爸爸妈妈辫种年纪,交关人侪是看戴老师的画长大的,现在伊拉的小人侪生出来了,比方讲我。

戴：辫个吭没啥的,就是我生得比侬早一点,辫个勿是一种可以炫耀的本钿。

王：吭没,侬的喜事多了,像过去的一年,伊原来把中国四大名著画插图,伊只画了一本《水浒》,去年让伊再加,就是四大名著另外三本,也叫伊画,结果伊接了辫个任务,一般来讲,辫个勿要紧的,我硬撑坚持,一个章回再画两张。伊勿淘浆糊,而是重新再阅读四大名著,根据伊的想法,在原来的基础上再加,也就是讲一个章回当中,原来是两张插图,现在远远勿止两张,而且把另外三本名著也画出来了。刚好也就在前几天,北京已经开始出版,正式上市,据说反响老好的,买也买勿着。

戴：刚刚出来是买勿着的,没有上架呢。

刘：我发现戴老师老谦虚老谦虚。

戴：辫个呢,是因为我齐巧碰到一个最好的,中国最最好的一个辰光,也就是现在讲的伟大的新时代,我齐巧轧进了。有些我前面的老前辈,比如我的老师,我崇拜的,伊拉没有碰到辫个好时代。假使讲伊健在的话,伊可以做得比我更好,因为伊已经有名望了。但是可惜,在伊拉最辉煌的辰光,吭没发挥的机会,然后像我比较推扳点的人,做了做"替工",做了以后就顶上去了,顶

谈谈身边事，回到老辰光

上去，顶顶顶顶就变成我做了。最清爽的，当时"文革"刚刚结束，北京外文出版社要出英文版的《红楼梦》，想来想去，几个名头大的画家，有这个或者那个问题，去不了，找我迭个"小八辣子"去做了替工，就挷能做了。我就获得了画四大名著挷个邪气好的机会。挷个辰光我在北京相当一段辰光，画《红楼梦》的时候，就认识了老多红学大家，挷个是中国第一代的红学大家，我和伊拉侪有过接触。

王：阿拉上海有一个读书节，也就是上海书展。上海书展每年办一次，戴先生从开办到现在，吭没脱过班，每一次侪有新的著作，每一次侪去参加活动，签名售书。我亲眼目睹，每一趟找伊签名的排队排得最长，一个人签名要签行里行市，最多的一趟侬一个人签了多少？

戴：我卖力蛮卖力的，人家签一场，我签两场三场。

王：伊一直签下去。

书展签售

刘：挷个说明人多，对哦？

王：伊一记头好签几百本书，而且排队的人，我看过的，勿仅是年纪大的，还有交关像侬挷种年纪轻的，包括小囡侪有的，所以，像票友一样，侬已经迷老多了，"戴迷"。

刘：现在"戴迷"也有"80后"，甚至"90后"，我是讲挷种老小的。葛末现在有些年轻人，伊老欢喜动漫，但是勿一定是中国的动漫，侬哪能看？

戴：挷个事体比较复杂了，牵涉跨行当了，我总觉得，现在阿拉中央领导已经讲了，要讲好中国故事，迭个勿管侬用什么形式，只要能够讲好中国故事，有更多的读者得益,葛末做任何侪可以。至于是勿是画动漫,像我勿画动漫的,葛末我也在讲中国故事,画动漫的人也在讲中国故事,阿拉现在在迭个新时代,大家要有新的起点,有新的认识。勿单单是文化大国,阿拉要做文化强国。阿拉勿仅是在中国 960 万平方公里讲中国故事,阿拉还要到世界上去讲。

王:因为伊是用心在画,所以伊是用身心写好、画好中国故事。

戴老作品

戴:我画图的艺术水平是有限的,但是我做事体,我自己觉得我有自知之明。为啥我画了介多名著呢?我抱定了一个宗旨,自家勿要玷污了原著。所以讲忠于原著,辩个是我绝对注意的,除脱我做读书笔记,注重细节。所以我画的勿管《红楼》《水浒》《三国》,我第一是忠于原著,如果讲有一点点读者觉得还可取的地方,勿是我的本事,是我反映出来的原著。画得勿灵的,我负责。

王:阿拉上海人在日常生活当中,搭戴先生接触老多,人家勿晓得,比如侬去寄封信,要贴邮票吧。贴张邮票,伊邮票也画得老好。

戴:我是镇江人。镇江要发一套邮票是许仙与白娘子,葛末迭只故事发生在阿拉镇江。

王:金山寺。

戴:阿拉老家叫我画的,葛末我勿能对勿起父老乡亲,我只好画了。画了,就辩能了,我讲侬给我印得大一点好哦?印得小得一点点,我也有点勿焐心了,我总是想让读者看得清爽一点。辩趟,给伊拉画《红楼梦》,伊拉也讲了,可能是花花我,讲侬画得哪能好哪能好,阿拉通过全国寻人,侬画得最好。

王:辩个没有花侬,辩个是真的,辩个是讲真的。

谈谈身边事,回到老辰光

戴:年纪老的人欢喜听孬种好话。葛末孬个一记嘛,挑我上山咪。

刘:戴老师,刚刚听了侬介许多故事,在老多欢喜侬的"戴迷"里向,在伊拉的心目当中,侬绝对是大家,但是侬自己老谦虚,侬自己讲我是民间艺人。

戴:我理解的"大家"迭两个字,交关艺术家大师,孬个勿是一个级别,孬个是群众对侬的爱戴,拨侬的一种尊重,并勿是侬真的就是啥艺术家大师。我觉得没有艺术家,也没有大家,我就是一个认认真真做手艺的手艺人,我孬个是心安理得。我在1979年跟着中国美协,到西北去走了一圈,所有的艺术宝库我统统去看了,我看了以后,感动得勿得了。为啥体呢?介伟大的,孬些物事,俚勿得勿承认是国宝。

王:是世界级的。

戴:侬看到孬些物事是哪能出来的?孬些作者是啥人呢?确确实实,是最底层最底层的手工艺的匠人,而且伊拉一辈子就在孬个洞窟里向,又没有好好吃,又没有好好住,就睏在洞里,就孬能画。有些画上阿拉看到反弹琵琶,搞舞蹈,有一个反弹琵琶,孬张画实际上是在邪气低的洞里,只有孬能大的地方,人要孬能画,要画得孬能真;有种是在大得勿得了的洞里画,就是孬些人完成的,侬晓得孬些人叫什么?没有人晓得的。共同的名字:民间艺人。所以我1979年回来,我刻了一个图章就叫"民间艺人",我就孬能盖章。人家老多人讲,侬孬个是故意酸几几的,好像侬自己画得好,还叫"民间艺人"。我讲勿是的,我迭个是真的,所以讲我现在一直叫民间艺人。介许多次数,文史馆叫我当馆员,已经三次,三届领导要我当馆员,我谢绝了,我勿做。我讲我如果戴了孬个帽子,我对勿起民间艺人。人家讲,侬孬个是"挂狗头卖羊肉"了,现在我收了一批徒弟,我讲俚统统侪是民间艺人,俚要认可我是俚师父,我勿让伊拉叫我老师、教授,一律只能叫师父的。阿拉的传承,真正要从孬个方面来传承,我是俚师父,俚是我徒弟,俚挣脱我可以的,但是现在俚要进我门,第一关俚必须是民间艺人,所以讲,民间艺人

戴老送福

勿好做,民间艺人难做。

刘：王老师,今朝仔我还有一个小问题,想向戴老师求证一下。因为我看过戴老师有交关小故事,有一个讲侬夏天画图的时候,房间里勿开空调的,好像据讲侬是赤膊画图的。

戴：是的。

刘：真的哦?

戴：侬看我有空调哦?

刘：葛末啥道理勿开空调呢?

戴：我勿好意思,我一个人用一个空调哪能好意思呢?

刘：是辬个原因。

戴：葛勿是浪费电哦?一个人用空调,我房间里的空调用得蛮大,勿舍得,节约点好。

王：戴老师,阿拉今朝代表观众向侬拜年！祝侬身体健康,万事如意,阖家幸福,新年快乐!

刘：戴先生身体健康!

戴：大家健康！大家健康！好,观众朋友们新年好！在新的一年里心想事成,在伟大的新时代大家作出新的贡献！谢谢大家!

王：好!

书法家、金石篆刻家高式熊

高式熊,中国著名书法家、金石篆刻家,西泠印社名誉副社长。他的书法中规中矩,端雅大方,尤其以小篆最为精妙。他对历代的印谱也很有研究,造诣精深,因此他的篆刻和小篆被并称"双美"。高老先生还是著名的印泥制作大师,在他年轻的时候,曾与著名书法家、篆刻家、收藏家、鲁庵印泥创始人张鲁庵成为忘年交,得张先生真传。张先生临终前,将"鲁庵印泥49号秘方"交给了高式熊。前几年,高老先生经过多年奔走,终于完成张鲁庵先生的遗愿,把"鲁庵印泥49号秘方"无偿捐献给了国家。

(以下高式熊简称"高",王汝刚简称"王",裔莎简称"莎")

王:春节《新闻坊》,"闲话上海"听我讲。今朝是春节特别节目"阿王拜年",阿拉今朝拜访的是辩趟拜年名单当中年龄顶大的,98 岁的书法家高式熊老师。虽然讲伊 98 岁,但是伊身体好,身体健,笔头更加健。阿拉代表观众向伊去拜年好哦?

莎:好的好的。

王:高先生侬好!
高:侬好侬好!
王:认得我哦?
高:侬哪能会勿认得呢?
王:高先生,阿拉代表广大电视观众向侬拜年。
高:实在勿敢当。
王:侬身体介好,是阿拉上海人民的幸福。
高:为啥身体好?笑出来的,迭个比药好。
王:笑比吃药好,这句对的。多笑笑,现在生活好了要多笑笑,我老开心。

侬今年98岁了,对哦?

高:虚岁98岁。

王:看上去像18岁,所以阿拉称侬是"90后"。

高:比侬小,要叫侬阿哥。

王:哦哟哟,喊我阿哥,真是!我觉得侬身体介好,反应又介敏捷,真的是老好的事体,今朝代表电视观众向侬拜年。

高:阿里阿多。

王:日本话也讲出来了!另外想问几个问题,因为大家侪老关心侬的,第一个就是阿拉想请教侬一下,侬字写得介好,侬以前跟啥人学的?

高:我跟阿爸学的。㪣个辰光伊是清朝的进士,第47名翰林。

王:侬父亲点到过第47名翰林,㪣个是真勿容易。

主持人与高老合影

高:几百个人,三年拣出来的。勿得了的事体,三年一考。

王:葛末,侬的启蒙老师就是侬的父亲。

高:我一直跟着,我从懂事开始,从七岁上下,一直在我父亲身边。

王:实际上是父亲教侬的,勿是在学堂里。

高:我吰没进过学堂,我学历吰没呀。

王:莫急,我现在勿看侬文凭。侬勿要拿出来,用勿着的。

高:我文凭没有的,我只有一张草纸,没有文凭的。

王:侬没有文凭的哦?

高:没文凭。

王:大学文凭没有,小学文凭也没有。

高:覅讲小学文凭,幼儿园也没进过。

王:侬现在再回想一下,侬父亲当时对侬的教育是哪能的?

高:我自家回顾一下,迭个讲出来,可以讲我父亲培养我,就像中状元的腔调。

王:哦,希望侬将来可以中状元。

谈谈身边事，回到老辰光

高：侬想，辣个辰光就是四书五经、三字经、千字文，再加唐诗三百首，每天背，每天勿但背，还要做文章。到每个月，出一篇题目做文章。

王：父亲交拨侬一篇文章题目。

高：对，一个题目，迭个题目呢，都是有关读书当中的物事，做一篇文章，辣个样子的严格。

王：所以我现在羡慕侬有一个好的爷，现在勿是讲拼爹吗？现在的拼爹呒没啥苗头，就是比啥人家的钞票多。侬迭个爷好，侬迭个爷独一无二，这样的爷是少见的。

高：现在拼大勿着。

王：迭个拼勿着的。有介好的学问，是父亲教出来的，乃末写字咾啥呢？

高：写字呢，我七岁以后呢，就规定每天写张大楷，就辣点大小的楷书。一天一张楷书、一张篆书，迭个是规定的，迭个《说文解字》我临过四遍，封建的物事要改脱，好的物事阿拉勿改。

王：对，坚决勿改。

高：老油条。

王：哪能老油条？

高：因为封建，坏的物事叫封建。中国是礼仪之邦，阿拉勿要把礼仪丢脱，都去学外国，外国的面包可以吃，外国的规矩勿能全部学习，阿拉变成外国人勿来事。创新，是老的物事再进一步叫创新，自己瞎想想起来的勿叫创新，夜壶禅了。

王：是是，高老在文化界口碑相当好，真是德艺双馨的文化大家，伊的字写了勿晓得多少，但是伊从来勿计较经济的问题。当时伊身体健的辰光，到码头上去，到厂里去，到农村去，只要文联组织活动请到伊，分文勿取，跟着侬就跑，而且工人阶级搭伊的关系相当好，伊搭人家一点呒没有架子，这是阿拉亲眼目睹的，伊自己摸出香烟拨人家吃。就像刚刚进门的辰光一样，老滑稽的。伊叫我吃香烟，我讲我勿会吃，伊讲年

高老工作

轻人学学伊,我讲我也60岁了,还有啥个好学。伊讲活到老,学到老。

高:侬搭我卖老啊?好好学。

王:难为情,难为情。在侬的面前我勿好卖老,所以高老老好白相,阿拉文艺界老多年轻人,年纪大的人,侪搭伊是好朋友。所以,上海滩上有交关地方侪有伊的作品。

莎:高老我想问问看,乃末高老还会再练练字哦?每天要多少辰光啊?

高:最近我搬到搿搭来,每天大概上半天写半天字勿够的,顶多一天上半天写到下半天,总数计计数130件。

王:一天啊,现在啊?

高:现在,就是现在。

王:搿个是奇迹。

莎:高老的身体介健,有得啥个保养的秘诀哦?

高:阿拉搿样大的碗,大概吃半碗粥。

王:早上头?

高:对,早上头。

王:还有呢?

高:有的辰光蛋炒饭也吃。

王:早上头吃蛋炒饭?

高:蛋炒饭也吃的。

王:酒会吃哦?

高:酒勿会吃。没有酒量,吃仔像红皮老鼠一样。

王:葛侬宁波人,黄酒会吃哦啦?

高:黄酒会吃的,吃是会吃,我大概总归3ml好吃,再多变成红皮老鼠。

王:3ml,侬当是咳嗽药水啊。

莎:葛高老睏觉呢?睡眠哪能?

高:睏觉蛮好。

王:所以伊乐观,还有一点,伊老豁达。阿拉举个例子,请侬谈谈迭个印泥,迭个宝贝侬为啥会交出来的?

高老写字

谈谈身边事，回到老辰光

高：当时呢，赵叔孺，上海赫赫有名的画家，也是同乡。伊有一个学生姓张，叫张咀英，口字旁边的咀，英雄的英，伊别号叫"鲁庵"。1941年3月份，张先生自报家门，伊讲我是张咀英，赵先生叫我送来一本印谱，原拓本，两本。辫本物事呱呱叫，就是张先生做的，就辫能样子碰头了，辫个是第一次见面。伊见面以后讲得蛮痛快，伊讲隔天侬到阿拉屋里来一趟，乃末我就去了。当时我21岁，只是一个中学生，伊就搭我讲，侬欢喜刻图章，印谱介贵，侬要想多买一些也来勿及，我的印谱就是侬的，辫句言话听得懂哦？后来我也到伊屋里去看了看。

王：辫个派头大。

高：派头大得一塌糊涂。辫能样子讲了，伊讲侬先到我屋里来看看，我吃顿晚饭，在屋里向大致看看，满房间是印谱，有多少我也勿晓得。伊讲，侬只要要，所有资料我来供应。后来因为张先生的物事，过世之后捐拨西泠印社，总算点数了，有四百多，从此搭伊接触多了。

王：成为朋友了。

高：诶，成为朋友了。迭个辰光一来，我开眼界了，因此工作方面也是突飞猛进。迭个辰光晓得张鲁庵迭个人会做印泥。我搭伊后来接触多了，伊印泥也送拨我，我到伊的屋里向跟伊学，看伊做。从油做起，一直到碾朱砂，所有全套过程，我都做过，就是叫"鲁庵印泥"。迭个辰光已经传说伊蛮结棍了，画家都是吴湖帆、张大千这样的大家，侪用伊的。

王：侪是用伊做的印泥。

高：印泥要好。第一要细，第二要颜色勿变。

王：伊侪毫无保留地教侬。

高：诶，伊毫无保留。后来我搭伊"谈判"，我搭伊讲，印泥我也够了，我要的话可以问侬捞，我讲如果侬死脱印泥就没了，我讲印泥应该公开，伊讲公开我交拨啥人去呀，我讲交拨我呀，侬肯哦？伊讲勿是勿肯，只要有人重视，伊是坦白来西的，伊勿做生意的。

王：小开。

高：小开啊！葛末有一本是手抄本的原本，交拨我了。

王：有句话叫"红粉赠佳人，宝剑赠英雄"。因为识货朋友。

高：伊也曾经搭我讲，所有印谱我想捐脱，伊讲侬帮我到北京跑一趟，后来没有去成功。但是上海各个机构（我去了），书法协会已经成立，我搭书法协会去讲过，书法协会讲好好好，迭个印泥是好的，博物馆也讲过，好好好，葛末要做的呀，吭没人做。

王：没有人落实。

莎：葛末最后是哪能捐出去的呢？

王：就是到前两年"非遗"。

高：一直方子我囥着，瓣个是我的责任，方子摆着，我有啥个用场？所以正好碰到静安区讲起有"非遗"申报，我讲我有瓣个样子的物事，瓣个也是"非遗"之一。

王：对。

高：一拍即合，勿得了，拿来。北京拿来一看，北京"非遗"要。乃末"非遗"申报成功了，当时"非遗"的单位，就讲我是鲁庵印泥的继承人。

高老赠福

王：对，所以侬是阿拉的国宝。

高：迭个是我的机遇。住在静安区的特别机会，静安区的领导会重视，乃末瓣只物事变成国宝鲁庵印泥。

王：迭个故事是交关圆满的结局。

莎：外加侪老无私的。

王：瓣只结局也老好。

高：现在瓣只物事出来了。迭个是公家重视，我已经跑了几年，伊（张鲁庵）是1962年过世的，我刚刚没几年工夫做成，五六年工夫。

莎：所以侬一直坚持到现在。

高：总算成功，葛我也对得起朋友了。我觉得，只要公家重视，随便啥事体，再困难的事体也能做得好，原子弹也出来了，瓣种小小的事体有啥难，再大的事体都可以做到。

王：讲得真好，最后还有一个要求。观众朋友交关牵记侬，大家侪搭侬拜年！葛末侬也向电视观众拜拜年好哦？

高：向观众拜年！祝大家身体健康！大发展！

王：好，谢谢谢谢！

莎：谢谢高老师！

名导演吴贻弓

吴贻弓,著名导演。1960年毕业于北京电影学院导演系,1979年开始独立执导影片,他参与导演的第一部电影《巴山夜雨》,就获得了1981年第一届中国电影金鸡奖最佳故事片奖。1983年,吴贻弓执导的电影《城南旧事》,更是让他获得了1983年第三届中国电影金鸡奖最佳导演奖。吴贻弓踏上领导岗位之后,还先后担任过上海电影总公司总经理、上海电影局局长兼上海电影制片厂厂长、中国文联副主席、上海市文联主席等职务。2012年,在第十五届上海电影节上,他荣获"华语电影终身成就奖"。

(以下吴贻弓简称"吴",王汝刚简称"王",阎华简称"阎")

王:春节《新闻坊》,"闲话上海"听我讲。

阎:王老师,今朝阿拉搭啥人拜年去?

王:今朝,阿拉去一位著名的导演家里。迭个导演,大家蛮牵记伊,交关辰光勿出来了。我问侬,被誉为第四代的著名导演是阿里一位?侬猜猜看。

阎:第四代导演代表人物是吴贻弓导演喽。

王:对的,伊导过啥电影侬看过?

阎:小时候看过《城南旧事》,还有《巴山夜雨》对哦?

王:对对对。连侬也看过的,阿拉去拜访伊好哦?

阎:好。

王:吴导演,吴老师侬好。称呼蛮多的,吴老师、吴导演、吴主席,阿拉文联(前)主席,我讲起来叫主席。

吴:小吴。

王:小吴。对,好的,永远勿老。

吴：我网名就叫"申江小吴"。

王：申江小吴是网名。

吴：博客名。

王：观众朋友老牵记侬,搿趟阿拉是特别节目叫"阿王拜年",我代表伊拉来看望侬。搭侬拜年,祝侬身体健康!

访谈

吴：谢谢,谢谢!

王：吴老师,侬导演的几部电影,大家侪看过的,影响仔几代人,所以侬迭个《城南旧事》,迭个《巴山夜雨》,如数家珍,迭个物事真是好,拍的搭现在的风格两样的。

吴：搿个叫"额角头"。

王：哪能"额角头"呢?

吴：就是运气好。

王：勿是的,侬是水平高。

吴：运气好,碰到好的剧本。碰到好的摄制组,对哦?碰到好的厂长。搿个辰光徐桑楚厂长,对我支持得勿得了:"侬去拍,侬去拍,啥人也勿来管侬。"

王：好作品出来了。

吴：从头到底,伊从来呒没来看过我一趟,我倒也有一点吓咾咾了。

王：相信侬。

吴：我想哪能厂长勿大关心我。到后来讲,"我来侬要迭个哦啦,侬要怠慢我了"。

王：《城南旧事》的插曲,长亭外,《送别》,现在交关小朋友侪会唱。

吴：搿只歌呢,我也是用的是现成的,佛晓得哦?

王：勿晓得。

吴：搿只歌的曲子呢,是只英国的民歌。

王：葛末词是李叔同写的。

吴：词是李叔同填的,搿只歌呢,实际上在上世纪二三十年代的辰光,就已经在唱了,但是后来呢,大概当中有三十几年呒没人唱了,葛末齐巧我拍搿只戏呢。

谈谈身边事，回到老辰光

王：吻合的。

吴：因为我从小辰光，五岁就会唱㾗只歌。葛末我想想，长亭外，古道边，最好了，对哦啦？城南旧事嘛，对哦啦？还有一个好的地方呢，是林海音在伊的小说里向，写到了㾗首诗，葛我讲肯定要用的，对哦啦？葛末㾗只歌我也会唱的。

王汝刚与吴贻弓

吴：㾗只戏呢，老实讲一声我真的是"额角头"高得勿是一点点。

王：是哦？

吴：因为原来㾗只戏勿是上影厂的戏，是北京电影制片厂的，是我的老师，伊去拍㾗只电影的。拍㾗只电影，当时在北京呢，㾗只戏里向加了交关政治方面的物事。后来㾗只戏呢，北京呒没拍成功。为啥呒没拍成功呢？是因为北京电影制片厂的各个部门，侪觉得㾗只电影假使拍出来，要赔本的。后来阿拉的厂长徐桑楚，在北京开厂长会议，碰到北京电影制片厂的厂长汪洋，也讲起㾗桩事体，徐桑楚讲，"葛末侬拨我呀，拿拨我呀"，乃末伊就拿㾗只剧本拿回来了。㾗个辰光阿拉上影厂的文学厂长，叫石方禹，伊是管剧本的，伊把㾗只剧本拿来，我㾗个辰光刚刚《巴山夜雨》拍好呒没多少辰光。伊讲小吴啊，"㾗只剧本侬看看，来事哦？"我一看，我讲㾗只故事倒蛮灵的，我讲我阿好再看看原著哦？乃末从北京的台湾文学研究所，把㾗只原著调出来，我看的还是手抄本，是《城南旧事》㾗部小说的手抄本。看了以后我就搭厂长讲，我讲小说是好拍的，但是㾗只剧本呢，我讲政治性太强，就是一门心思在喊台湾要回归。我讲台湾回归是肯定要回归的，但是台湾要回归的迭个根本物事，侬就是要拍出来伊跟大陆是一条根，㾗只物事要拍出来，侬勿是光喊口号，对哦啦？

王：迭个是讲在点子上了。

吴：侬要拍出来阿拉大家侪是中国人。

王：对。

吴：对哦？所以《城南旧事》写的是北京，但是是台湾人写的北京，葛末

阿王拜年

伊从小在北京,辣条根在大陆,就是要拿辣种物事,要一点勿加政治色彩地去拍出来。结果后首来阿拉厂长徐桑楚,辣能样子跟我讲,"侬改,侬尽管改"。我勿好意思再改剧本了,因为剧本是阿拉老师写的,老师改的。乃末我写了一只导演台本,后首来厂里石方禹看了,伊讲侬就照侬辣个拍,乃末我就照辣个拍出来了。

《城南旧事》剧照

阎:当时我听说上影厂为了拍辣只戏,还在江湾辣搭搭了一只"北京城"出来。

吴:对的对的。因为辣个辰光拍戏又呒没多少钞票喽,侬真的要到北京去拍戏的话,北京的胡同也基本上已经侪变成高楼大厦了,真正相当于上世纪二三十年代的辣种味道的胡同,也已经呒没了,葛末哪能办呢?和美工师商量在上海搭一只,葛末要比到北京去便宜交关。

王:现在交关北方导演拍阿拉南方的戏,特别是拍阿拉上海戏,阿拉总觉得缺少一点物事。侬是一个南方人,一口上海话介标准,哪能侬去拍北方戏,会拍得介挺括,介细腻?

吴:葛末我在北京读书读了四年咪。

王:四年。

《巴山夜雨》剧照

吴:对。

王:生活经历。

吴:电影学院四年在北京,然后再在北京生活了好几年。

王:《巴山夜雨》写的是四川的生活。

吴:对。

王:侬也有辣个生活啊?

吴:四川嘛,我生在重庆的。

· 187 ·

谈谈身边事，回到老辰光

王：侬生在重庆的？

吴：侬想想看好了，我是抗日战争的时候生的。辣个辰光跟着爷娘一道逃难到内地，我生在重庆的。重庆是我的第二故乡。

阎：吴导，侬也是第四代导演的代表人物，侬觉得第四代导演的特点是啥？

吴：对人的认识，对人搭人之间关系的认识比较深刻。所以，第四代导演侬去看，拍的电影，基本上侪是讲人搭人之间的关系。

王：对。大家现在侪还是老牵记侬，老想着侬。

吴：文联我也已经十年吭没去了。2008年因为我肺上生了只物事，后首来当时辰光开刀开脱，动了个大手术，从伊个以后，我基本上就吭没去了。后来到2013年正式退休。

王：现在邪气稳定，身体也老好，我相信观众朋友一看到侬面孔，一定老开心！

吴：2008年以后有两次反复，一趟是2012年，一趟是2014年。2014年辣趟顶结棍，蹲在医院里向住了七十几天，也是年初二进去的，真的勿来事，搭病魔作斗争，进去了，我记得很清爽，休克。休克前头在病房里向有一个护士，等到我醒转来，两个多钟头，醒转来后我眼睛张开来一看，一房间的人，医生护士侪拍手，啥意思呢？就是抢救成功，在鬼门关上把我拉回来了。

王：是的是的。

阎：我看到吴导今朝辣能帮阿拉讲，阿拉感受到侬的心态老好，状态老好。

吴：是辣能介，葛末哪能办呢？现在侪是赚的呀，对哦？

王：吴老师、吴主席、吴导演，交关观众朋友关心侬，是勿是侬可以在电视机前搭大家拜个年？

吴：应该的，应该的。希望㑚过得愉快，开心，阖家欢乐！

评弹表演艺术家蒋云仙

蒋云仙,著名评弹表演艺术家。擅长单档说唱,多调多用,被誉为"什锦唱腔"。她善于模仿各地方言与说唱艺术,塑造的角色生动逼真、活灵活现,代表作是由作家张恨水同名小说改编的长篇评弹《啼笑因缘》。1986年12月,蒋云仙还受邀参加了在香港举行的第七届国际布莱希特研讨会,在会上作示范表演。蒋老师精湛的技巧,使得外国学者和戏剧同行们赞叹不已,她第一次将评弹推向世界。后来,蒋云仙与另一位评弹名家唐耿良先生喜结姻缘之后,定居加拿大,多年来一直在海外积极地弘扬中华文化。

(以下蒋云仙简称"蒋",王汝刚简称"王",阎华简称"阎")

王:春节《新闻坊》,"闲话上海"听我讲。今朝阿拉要去搭一位老艺术家拜年了。

阎:是哦,帮啥人拜年?

王:迭个艺术家交关了勿起,一张嘴巴讲出千军万马,男女老少个个是栩栩如生。

阎:介结棍啊!啥人啊?

王:弹词表演艺术家蒋云仙老师。

阎:蒋老师。

王:听说过哦?

阎:听说过的,我小辰光爷娘一直听评弹的。

王:对,蒋老师最近上海勿大蹲,哪能呢?伊是国外和国内两边蹲蹲,鹬次听说伊来上海探亲,蛮好,春节期间阿拉代表观众,向伊去拜拜年,好哦?

阎:好的。

谈谈身边事，回到老辰光

王：蒋老师。

蒋：小王。

王：侬叫我小王，侬看。

蒋：叫侬小王的人吙没几个哉。

王：辫个倒是的。侬好侬好，迭位是艺术人文频道的女主持人阎华。

蒋：侬好侬好。

王：蒋老师，看见侬交关高兴。

蒋：谢谢，谢谢！

王：因为交关日脚弗曾看见侬了，侬今年多少高寿？

蒋：侬忘记忒啦，我属鸡的。喔喔喔～

王：口技功夫好哦？！

阎：本命年刚刚过脱。

蒋：吃仔年夜饭八十六了。

王：侬前一抢在啥国家？

蒋：加拿大多伦多。1997年去的，乃末现在考虑要想落叶归根。

王：蛮好。侬本来一直在江南一带，上海说书，传播曲艺艺术。到仔加拿大，我听说侬还很活跃，给华侨、侨胞，一天到晚在说书。

访谈

蒋：弘扬评弹艺术，我的书是连得外国人侪听得懂的。

王：对，弘扬阿拉传统文化。因为伊起方言，起角色，动作性比较强。伊说的成名作，也就是伊为之倾注心血的，是阿里一部书侬晓得哦？

阎：《啼笑因缘》。

王：侬看，伊也晓得《啼笑因缘》。

蒋：侬辫点年纪晓得《啼笑因缘》，勿容易的。

王：辫部《啼笑因缘》实在是好。甭说评弹界了，倪曲艺界、滑稽界侪欢喜听的，听众交关欢喜，特别是"车站送别"，辫段方言好得来。

蒋：（山东话）娘，俺不要你走，俺一个人在家咋办呀
孩子哎，别哭了，你别哭了，娘无办法呀
（常州话）哎呀你快个点来噻，你这个小佬(小家伙)
我和你说过，出门出喽穿嗲个高跟皮鞋啥，
火车上挤咾哇
位子要吭没着哩哇
爹爹啊，偶(我)跑弗动了哇
快个点噻
爹爹弗好咧
啥啦
我的高跟别落哩个哇
要死咧哇
（常熟话）恁(你)搭我带点偶哩(阿拉)常熟的"委待货"(特产)
哦！常熟的绿毛乌龟，搭我带一只来
乃要死快哉
别样弗带，叫偶带只绿毛乌龟

《啼笑因缘》

阎：蒋老师，我看辩个"车站送别"里向，侬一家头讲了介许多方言，侬当时哪能学啊，介许多言话？

蒋：勿要怕讲了勿像。有一趟我乘三轮车回去，拉车的迭个工友欢喜讲话，跟我攀谈："（苏北话）我回家哦，我家老婆，宵夜做好喽，我家去要吃点心了。"我说："你们相敬如宾，好诶，你福气好诶。"开头讲得蛮好，到后来伊板面孔了。"啊哟喂！你在学我呀。"讲我在学伊，当我看不起伊，我说："你不要误会，我是向你学习，我是一个演员，我要学方言。""哦，这个样了。"

王：开头当侬在学伊咪。

蒋：对，伊当是笑伊咪。所以阿拉学方言寻对象，就寻小囡，小囡呢勿会笑侬的，阿是啊？侬比方讲侬要研究要领、特点，就讲常州话搭宜兴话，老难分的，一个是开口音，一个是闭口音。常州人讲吃晚饭，"你到我家里来吃'夜伐'(夜饭)"，嘴巴侪张开，"吃夜伐"。宜兴人闭口音，"葛末你到我家吃'哟饭'(夜饭)"，夜饭，夜头(晚上)叫"哟"的，"吃哟饭"，葛末侬就是要晓得伊拉

谈谈身边事,回到老辰光

的要领。

王:辩点方言是呱呱老叫。常熟话、苏州话、江北话,哦哟。

蒋:哦哟,我总算也是人缘好呀。

王:不不不,艺术好。

蒋:辩个辰光,杨华生、周柏春关系侪老好的。周柏春,我叫伊胞兄的,啥道理呢?阿拉两个人有像的地方,两条眉毛侪倒挂的,叫"八点廿分"。在演员进修班的辰光,伊问我抄了个《旧货摊》唱词,我辩歇辰光对外是保密的,只有俚(他),胞兄啊。乃要我总归一句言话,《旧货摊》伊拿去,改个啥物事呢?改成《废品回收站》。

王:后来呢,伊辩只物事还一直唱的。

蒋:啥道理?我勿保守的,沪剧界,陆敬业、马莉莉,俚笃(他们)的《啼笑因缘》我去辅导的。马莉莉的一只《黛玉悲秋》的大鼓,北方大鼓,也是我辅导俚(她)的。一分洋钿也勿拿的,凭良心讲。

王:大鼓书,是蛮难唱的。尤其是阿拉南方人要学会这段物事,是勿容易的。

蒋:我讲给侬听,我这个北方大鼓曾经唱给骆玉笙听的,俚评价讲"很有味儿"。

王:是哪一段?

蒋:秋风秋雨奄秋光,秋草秋花带秋霜。

王:好!

阎:瞎有味道。

王:侬现在狠唻,伲原来有句话,叫伲曲艺勿过长江。因为语言问题,滑稽戏、评弹,过了长江以后有语言隔阂,所以有困难。伊是狠的,全国走,而且又到国外去传承评弹艺术。

阎:就是讲呀,学啥像啥。

王:所以非常之了勿起。讲到这个问题呢,我勿由自主想起来了,黄佐临先生特别欢喜阿拉曲艺,欢喜阿拉滑稽戏。伊对侬非常推崇,伊愿意把布莱希特表演体系和中国的表演体系混在一道,在这方面做研究,而且拿侬作为范本。当时伊是哪能样子培养侬?带侬到香港,有个会议对哦?叫国际布莱希特会议。

蒋:诶,第七届。我就说一回《逛天桥》,为什么呢?因为开始的时候就

·192·

是用各种口技,口技是呒没国界的,对哦?

王: 对。

蒋: 能够沟通,先用口技。到后来呢就是各种杂耍,天桥的那个。

王: 还有小贩叫卖声。短短几分钟,伊拿天桥五方杂处、交关闹猛的场景描绘得栩栩如生。

阎: 就靠一张嘴巴。

王: 侪是一张嘴巴,闹猛得勿得了。

蒋: 接后就来一段《旧货摊》。葛末侬晓得外国人,伊是听侬技巧的。伊勿懂侬啥"破洋伞,旧皮鞋,脱底套鞋弯喇叭",伊听勿懂的,伊看到侬技巧,唱到后来"哒哒哒哒哒",外国人勿只是拍手,还蹬脚。

王: 侬现在辩段物事还记得几化,《旧货摊》还记得几化?

蒋:《旧货摊》弗忘记哦。

王: 侬来两句试试看。

阎: 来让阿拉听听?

蒋: 今朝家生呒没搭。

王: 勲啡,清唱吧。

蒋: 我唱罗搭(哪里)是罗搭。

王: 好。

蒋: 旧货摊浪有点啥
让我一样一样唱明白
破洋伞　旧皮鞋
脱底套鞋弯喇叭
朝靴钉靴竹衣架
自来水笔阔背带
捽不倒　苍蝇拍
角蜢笼子宽紧带
麻将骰子挖花牌
烟筒头　铜钮头
脚踏车铃糊刷帚
广勺柄　铲刀头
针线藤匾帐扎钩

193

谈谈身边事,回到老辰光

酒竹端　油漏斗
香烟灰缸状元筹
纱外套　花箭衣
蛀虫索落俚个老羊皮
断木梳　豁笾箕
玻璃灯罩臭象棋
油面搭　飞虎旗
灯笼底坨饭筲箕
打满补丁花单被
断脱发条个留声机
一捆旧书虱勒俚个网篮里
铁钥匙　铜铰链
榔头凿子老虎钳
吸铁石　古老钿
筷唔厨笼坏气垫
手提箱　丝裤裆
电灯开关旧花线
铁锈洋钉白铜钿
只剩只壳子也算俚无线电
木茶盏　铜饭碗
镴钻料钻骑发簪
旧牙刷　油单扇
小囡马桶痰盂罐
碎砚瓦　破汤罐
烟筒脚炉蜡扦盘
铁风圈　多层盘
煤头竹管烟磨碗
和尚帽子道士冠
小竹交椅铁门闩
钝剪刀　坏手表
黄杨如意烟荷包

阿王拜年

竹挖耳　一粒焦
鞋拔板刷　烟灯罩
破手套　剃头刀
眼镜壳子铜笔套
算盘珠　钎脚刀
断丝灯泡铜藕刨
洋刀铲子石胡桃
破毡帽　发禄单
脱漆棚架砧墩板
木鱼椎　镬干盖
火夹线板麻叉袋
断链条　豁线板
孵面手巾象牙筷
鸟食缸　花围馋
帐竿竹上旧长衫
围身袋袋竹考篮
称梗夹剪抽屉配

王：我感动,拥抱侬！了勿起了勿起！

阎：可见年轻的辰光,花了多少工夫在这个上头。

王：俫阿看见,我眼泪也出来哉,八十五岁,了勿起！

蒋：当时我唱完下台,黄佐临老师抱牢我,我说,"老师,还可以吗？""什么可以,太好了,出乎意外的好。"后来,再来一个,《旧货摊》我想早上唱过了,我就再来一个扬州小调《劝夫戒赌》,又是勿得了。

王：风头出足,了勿起,做了介许多功绩。现在观众顶想晓得一点,侬现在的身体好哦？

拥抱侬

谈谈身边事，回到老辰光

阿吃得落，阿有啥想法？侬看，观众非常牵记侬。

蒋：牵记我呢，其实我也对观众的感情老深。迭个物事是相互的，俚笃（他们）在牵记我，我也牵记俚笃。我说，葛末哪能办呢？俚笃现在也只好看看我老早的节目。

王：侬放心，侬这档节目一放，上海和江浙两省全部收得到，辣个数字我也勿讲了，起码八位数以上。

蒋：零零零零零……

王：蒋老师，大家介关心侬。阿拉现在利用阿拉的电视，请侬搭电视观众拜个年好勿好？

蒋：好的。亲爱的新老听（观）众们，尔笃（你们）大家好！我离开书坛交关年数哉，但是我的接班人呢，俚笃蛮争气的，像王瑾、盛小云、魏含玉、侯小莉，现在伲是评弹界的中流砥柱，伲是精英，所以，我的艺术生命俚笃在帮我延续。但是我呢，老而勿休，我还好上台唱唱咧。所以，听（观）众们，大家要身体健康，健康第一。伲活在现在的太平盛世，真正幸福，伲的祖国几化强大。我会回来的，我会搭大家见面的，祝大家身体健康，心想事成，阖家幸福，笑口常开！

滑稽表演艺术家李九松

李九松,上海市人民滑稽剧团表演艺术家。他出身戏曲世家,从小深受艺术熏陶。先后拜名师文轩、文彬彬学艺,担任独脚戏"捧哏"不温不火、憨态可掬,赢得观众一口称赞。特别是与滑稽表演艺术家王汝刚合作的四十年来,推出的独脚戏《头头是道》《征婚》等节目先后多次在全国和地方获奖。由李九松主演的电视系列小品《老娘舅》,收视率名列前茅,成为东方电视台的名牌节目,李九松因此也成为江南地区家喻户晓的"老娘舅"。

(以下李九松简称"李",王汝刚简称"王",刘晔简称"刘")

王:春节《新闻坊》,"闲话上海"听我讲。
刘:王老师,花准备好了,礼物也准备好了,今朝拜访啥人呢?
王:今朝拜访一位比较特殊的人,我的老搭档——滑稽表演艺术家李九松。
刘:哦哟嬭的呀,王老师,快点走。
王:侬急死了,是哦?观众朋友老牵记伊,我也蛮牵记伊的,因为伊退休以后,阿拉两个人搭档的机会比较少,所以我一直想去看看伊。
刘:是的。
王:而且我今朝还带了一样老特殊的礼物准备送拨伊。
刘:哦,老搭档带礼物,前头俦朊没碰到过的。
王:大家猜猜看是啥物事?倷猜勿着的,进去吧。
刘:好。

李:啥人呀?
王:李老师,来来来,搭侬拜年!侬好侬好!
刘:侬好侬好!来搭侬拜年了!

谈谈身边事，回到老辰光

王：搭侬拜年！

李：难为情，难为情。

王：李老，侬好！人家观众还是蛮牵记侬，因为侬"老娘舅"拍了这么多电视。特别是《老娘舅》侬拍了几年啊？

拜年

李：十二年。

王：十二年！侬想想看一个人生命当中十二年，十二年陪伴大家在电视机面前看侬的节目，而且收视率一直老高，所以光凭着这点，侬培养了几代观众，所以大家侪叫伊娘舅，娘舅。所以迭个弄堂里的街坊，到现在侪叫伊娘舅。江浙一带，侬现在过去，伊"通吃"的。到苏州、常熟、无锡，小菜场里去兜兜，看中鸡毛菜啥个，拿着走好了，钞票用勿着付的。

李：辣个勿搭界的，迭个是要付铜钿的。

王：葛咾伊勿大出去的，伊讲要扰民的。

刘：说明大家有多欢喜老娘舅。

李：阿拉街道里向，阿拉三林街道对我特别照顾，三林派出所也蛮照顾的，逢年过节总归要来看看我，对哦，我心里也蛮感动。

王：从另外一个侧面来反映，浦东三林塘公安干警工作做得老好，因为对有些对象伊拉有规矩，逢年过节板要上门拜访，像伊就属于迭个名单上面的，从前辰光有一些里向放出来的，有种人手脚勿太干净……哦，勿是勿是。

经久不衰的《老娘舅》

刘：勿是，人家是老牵记老娘舅，阿拉是从小看侬的节目，但是真的勿晓得侬是几岁登台啊？

李：几岁登台？早咾。因为我讲得难听一点，我是"将门之子"，爷娘侪是唱戏的，阿姐侪是唱戏的。旧社会的辰光，流浪在江浙两省里向，小码头上唱戏的。

王：戏班子。

李：是班子戏。乃末真正唱戏,我大概在三岁登台。

刘：三岁就登台了?!

李：做活道具。

刘：就是演自己,三岁老小。

李：就是小囡。

王：演小毛头,拿伊抱在身上。

李：真的是抱上去的。后来新中国成立之后,生活固定了,在上海演出了,结果有一个机会。啥个地方?良友沪剧团,唱沪剧的。我的爷娘是专门出租戏剧服装的。搿个辰光我读书回转来,到剧场里向去呢,齐巧有一本戏叫《秦雪梅吊孝》,缺吊孝的人,跑龙套吭没。叫我去上,迭个对我来讲便当来西的,侪是老早文明戏的底子在。我去上,上了下来,台上出洋相,哭的辰光出洋相,伊拉笑出来了,闭幕也闭勿下去了。为啥体呢?

刘：啥道理呢?

李：喏,灵台扎好了,我拿好锡箔去烧,"哦哟,阿爸啊,阿爸。"

刘：老罪过的。

李："朋友,迭个是啥人,侬啥个地方的?"我讲:"我爸爸。""勿是,侬看,一个老太。"是一个老太,跑错人家了,快点把锡箔灰摆在帽子里面拿出去,乃末观众笑起来了。

王：沪剧团一听吓死了。谢谢侬,侬去唱滑稽戏吧。

刘：滑稽戏就对路了,对哦?

王：后来从良友再到大众滑稽剧团,再到人民滑稽剧团。

李：阿拉的剧团独脚戏为主的,独脚戏一档一档,交交关关。上海其他剧团的独脚戏要拼起来,拼勿过阿拉。

王：当时阿拉最多的辰光,我数过大概有十六七档,一档两个人计算,也要三十几个人。

刘：侬是从几岁,开始帮王老师搭档的?

王：改革开放四十年,阿拉应该讲就算四十年了。

李：有四十年了,搭档四十年了。

刘：第一次搭档是啥个辰光?

谈谈身边事,回到老辰光

李：是《头头是道》吧。
王：对,1980年的辰光。

王：老娘舅来了,舅舅。
李：芋艿头。
王：人大了,叫名字,叫绰号,难听哦？芋艿头,芋艿头,好好叫。娘舅。
李：芋艿头。

老搭档第一次合作的节目《头头是道》

王：叫侬勿要叫还要叫！勿要这样子,叫绰号难听哦啦？好好叫！一个人人大了要听闲话,晓得吗？介大把年纪了一天到夜没大没小的,像啥个样子,真是的！娘舅,勒迭能,大家派派(按理说)蛮要好的,是哦？舅舅。
李：前,前,前头吭没芋艿头,后头闲话讲勿出来的啦！

王：所以大家交关牵记侬,问问侬身体好哦？
李：身体蛮好,身体蛮好,年纪大的人总归是有毛病的。
王：有毛病,瓣个吃的侪是啥物事？
李：吃的物事蛮多的。
王：侪是药吗？
李：对,侬又勿吃的。
王：我吭没毛病吃这药干啥？所以伊一直讲人家是"植物人",伊是"药物人"。今朝一看倒是相信了。
李：勿是,生病勿要紧。年纪大的人,毛病总归要有的,但是,生毛病有一个规律,侬吭没生病要重视,生了毛病,要藐视！
王：伊讲得老对,侬一旦生了毛病,勿要恐惧,勿要怕,侬要正确地对待伊,像伊瓣能的,本来身体老推扳的,一身的毛病,从头到尾,对哦？
李：对。
王：心脏病、白内障、红斑狼疮、黄疸肝炎、脚癣、瘌痢,侪有的。
李：我好收进去了,侬好勿讲了。
王：拨伊讲起来,伊糖尿病,还欢喜吃糖,还欢喜吃巧克力,拨伊讲起来是"以毒攻毒"的。观众朋友,我假使勿讲,俉勿会相信的。

刘：迭个是李老师自己吃的对吗？我以为是帮阿拉准备的。

李：我自己买的，大家吃的。

王：喏，花生糖，啥个大家吃，糖尿病勿能吃这些物事的。

李：生也生了，哪能办啦？侬又勿能回头伊，对哦啦？吃是要吃的，糖尿病，侬勿吃，抵抗力呒没的。

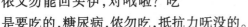

默契依旧

刘：葛末控制一点。

李：控制一点嘛，有辰光看见八宝饭和月饼，控制勿牢的，对哦？

刘：王老师也欢喜吃甜的，是勿是伲是搭档，兴趣爱好侪差勿多的。

李：伊也吃的呀，但是伊怕死的。

刘：迭个闲话，李老师只好侬讲了，阿拉勿能讲。

李：伊吃的辰光，讲有糖尿病勿来事的，等吃好了，伊也勿管了，吃侪吃了，阿拉晓得伊的脾气。

王：伊在瞎三话四，晓得哦？伊八十多岁的人，脑子好得勿得了，侬今年八十几？

李：85，乃末现在长一岁了。

王：八十几？

李：85 岁。

王：旧年呢？

李：旧年 86 岁。

王：前年呢？

李：前年 87 岁。啥体啊？伲早点走哦，再蹲着我要变老年痴呆了，我拨侬搞得头昏眼花。

刘：我觉得坐在箇搭，有一种看两位老师在讲段子的感觉。葛末李老师，侬现在晚年的生活，侬的兴趣爱好，平常辰光做点啥呢？

李：平常日脚也勿做啥。

王：伊讲过咪，也呒没啥个地方可去的，伊到阿里去呢？现在见老朋友

谈谈身边事,回到老辰光

了,搓搓麻将,伊别的地方勿去的。伊头发也呒没,发廊里面也勿去的。

李：迭个勿搭界的。

王：脚也蛮好的,汰脚房也勿去的。

李：搓麻将,我自己控制好的,一个礼拜五趟。

刘：帮自己立规矩。

王：啥体啦？为啥一个礼拜五趟？

李：医生讲的,一个疗程。对哦啦,哪能个办法呢？

王：伊搓麻将当医毛病了。

刘：王老师,侬刚刚在门口头讲准备了一份礼物,啥个礼物呢？噱头摆到现在。

王：勿是噱头,我真的有点物事。

刘：真的有物事啊？

王：㑚在,我勿好意思。

李：㑚跑脱伊也勿好意思的,晓得哦？

王：伊最欢喜吃的——苏州酱肉。

刘：李老师真的欢喜吃啊？

李：孉啊！

刘：真的孉的？

李：孉孉孉！

王：陆稿荐的酱肉。

李：孉的孉的！

刘：两大块。

李：我在苏州吃面,就是吃两块酱肉,外加一碗油渣,放在一道。

王：看看。

李：孉的孉的！钞票几钿啊？

王：勿要的。

李：样子板要做的,对哦？

刘：到底是老搭档,勿一样的。

李：谢谢！

王：李老,先勿要去吃猪头肉,勿要去吃酱肉,阿拉还有一个任务。

李：哪能？

王：观众朋友老牵记侬的,侬借这个电视镜头,搭观众拜个年,好哦?
李：哦哦。祝大家福如东海,寿比南山,多看滑稽,长命百岁。
王：好。
刘：李老师,阿拉也向侬拜年!身体健康,身体健康!
李：谢谢!谢谢!
王：好去吃了。

老搭档与编导吴迪

老李拜年

王：观众朋友,辫个春节呢,阿拉陪伴侬一道到老艺术家屋里去拜年,走了八家人家。辫些老艺术家个个侪身体健康,才思敏捷,阿拉希望伊拉健康长寿,为阿拉带来更多好的作品。葛末辫个系列节目呢,就到此结束了,"阿王拜年"的系列呢,搭侬暂告一段落。迭能样子,下个礼拜阿拉"闲话上海",搭侬~

王、刘：再会!

"抓斗大王"包起帆

（以下劳模包起帆简称"包"，嘉宾主持王汝刚简称"王"，嘉宾主持刘舒佳简称"佳"）

王：周日《新闻坊》，"闲话上海"听我讲。从今朝开始，阿拉推出一个新的节目，叫做"侬好劳模"。也趁五一劳动节的辰光，去拜访几位劳模。

佳：今朝阿拉第一集要拜访啥人呢？

王：阿拉第一集要拜访一位"大王"——"抓斗大王"包起帆，大名鼎鼎的。阿拉身后就是包起帆的创新之路陈列展，阿拉进去看看，学习学习。

佳：好的呀。

王：啊呀，老包侬好，长远勿见了。

包：侬好侬好。

佳：王老师，侬搭包总认得哦啦？

王：我搭包总认得的辰光长哎。还是在上世纪90年代，弊个辰光市人大代表，我搭伊是一个组的，交关有幸。有一趟听老包在发言，伊讲到当时在码头上工作的辰光，伤亡老大。在老短的时间当中，死伤老密集的，所以伊有一个老朴素的想法，勿能再弊能下去了，人的生命得勿到保障，弊个也是促使伊要搞技术革新最原始的想法。

包：弊个辰光正好1981年弊个一年里头，阿拉上海港白莲泾码头，木材装卸就死了三个人。三个人年纪加起来呒没超过80岁，侪是二十几岁。葛末工人死了以后，领导就让阿拉到殡仪馆去送葬。我勿想去，我心老软，我老怕弊种场面，我想与其去落几滴眼泪水，还勿如动动脑筋。侬勿动脑筋，还是老样子，肯定勿来三的。

佳：葛末侬自己受过工伤哦？

包：有一趟，我去木材装卸的船舱里向挂钩，司机突然将杆吊起来，我的

谈谈身边事，回到老辰光

手夹在里头。我讲"侬松下来，松下来"。松下来我拿手套拿掉，发现大拇指的骨头都看到。十指连心，人有一种本能的要求，就是要摆脱危险的繁重的劳动。所以人家讲，好像生活越做越开心，辩个勿是的，其实看到辩种危险，大家的本能反应就是，顶好我勿要去做，但侬勿去我勿去，轮船还是要来，还是要工人下去。

王：所以介恶劣的劳动环境，只有靠自己的智慧，自己的努力，才能去改变。

包：只有人勿到船舱去了，就勿死人了，效率也会提高。开头辰光，我跟阿拉交关同志讲，伊拉侪讲，包起帆侬勿来三的。所以我就动脑筋，我想上世纪50年代的老师傅搞勿成功，是因为伊只有实践经验呒没理论。上世纪70年代工程师搞勿成功，是因为只有理论，但伊坐在办公室里，伊呒没实践。我呢做过六年码头装卸工，我对工艺非常清爽；我做了四年修理工，我会烧电焊，做机械工，我对机械加工老清爽。现在大学毕业了，我有了文化知识了，所以我想只要拿自己的精力全部扑在上面，应该能够搞成功。后来在大家支持下，抓斗就搞起来了。用了以后，就再也勿要工人到船舱去了，因为人勿要去了嘛，所以从根本上保障了安全，所以介许多年来，再也勿出伤亡事故了。后来交通部晓得了，因为交通部从1981年到1983年，9只港口死了11个人，重伤64个，所以一听到上海搞了木材抓斗，马上来开现场会议，阿拉拿所有的图纸送拨大家，全国港口全部推广。过去废钢也是要靠人搬，勿要讲人吃力，而且搬的辰光灰大得勿得了，等到从船舱爬出来，只看到两只眼珠子是白的，面孔侪是灰。辩个辰光也勿讲啥环保勿环保，但是外国人的船一来，侬还是要去装卸，我就搞了生铁抓斗，像手指头一样会得动的。所以辩个一段辰光搞的，侪是让阿拉的码头，从人力化向机械化变革。

包起帆早年工作画面

包起帆早年工作画面

侬好劳模

包：我㧚个辰光到龙吴公司去做老总，㧚个辰光码头上，因为比较偏，所以船吥没，有的辰光三天吥没船，五天吥没船，甚至一个号头吥没一条船。没有生意，我迭个做老总的急得团团转。但是我想，侬假使还是老一套、老样子，肯定勿来三。只有在产业转型当中走出新路来。㧚个辰光中国的集装箱，全部是外贸的，但是青岛啤酒到上海来，上海的电视机到广州去，侪是散装的。外贸箱因为㧚个辰光是李嘉诚合资公司要做，葛末我想能勿能做中国的内贸箱呢？老多人侪讲侬勿来三的。迭个辰光我四五趟到北京去，七八趟到南方去，找货主，找交通部，找各方面的人，争取伊拉支持。在模式机制上侪建立好以后，开通了中国历史上第一条内贸标准集装箱航线。开通了以后，想勿到星星之火，竟成燎原之势。侬想想看旧年光中国的内贸集装箱，就有6000万标准箱，阿拉上海港也有得几百万。所以我讲大家看上去勿来三的事体，侬只要敢想、敢做、敢尝试，就会有意想勿到的收获。

王：所以侬是做出成绩的。阿拉上海港航运中心，侬功勿可没。

包：勿是的，我是做了一些我自己应该做的事体。

王：老包，我非常佩服侬。侬一步一个脚印，步步在前进。侬的企业，从人力化到机械化，从机械化又到信息化。我觉得㧚个几年来侬还是做出介大的成绩，而且老多的管理模式、管理的标准，已经为世界所瞩目，迭个是老了勿起的。

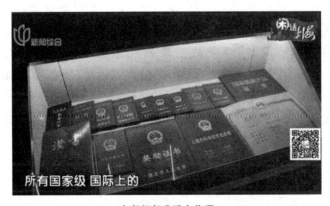

包起帆部分重大奖项

包：上海港是世界第一大港。但是伊的科技，伊的创新，能勿能走到世界的前列，我觉得我要带头。勿是我一个人做，我要带领一大批我的同事一道来做，应该讲还是效果蛮好。中国的集装箱，吞吐量世界第一，制造量世界第一，运输量世界第一，但是呒没一个标准是中国人做的，我就开始动迭个脑筋。经过三年的努力、五年跟踪，ISO18186，终于在日内瓦公布了。辨个是中国在物流跟物联网里面，第一个中国人做的国际标准，也是拥有自主知识产权的发明，成为国际标准的典范。特别是旧年经过五年投票以后，现在英国、荷兰，有6个国家拿我做的国际标准，变成伊拉的国家标准。美国、德国也投票讲，"侬做的标准在我国也在使用"，全票通过。我搞了介许多创新，应该讲奖是勿少的，我也帮自己立下一个规矩，从1981年到现在三十几年了，所有国家级、国际上的、市里的、部里的所有奖金，绝大部分分拨了我的同事，属于我个人的部分，全部送拨企业里向的伤残职工、困难职工。我坚持了三四十年了。有种人讲包起帆，侬做啥要辨能做？我觉得啥，因为我呢组织上、单位里对我的照顾已经够多够多了。我觉得阿拉有了创新成果，让更加多的人分享，让阿拉大家感受到辨个创新，勿是包起帆一个人的事体，是阿拉大家的事体。成果大家分享之后，会更加有利于我从事新的创新。

王：包总，阿拉今朝听的看的深受教育。侬走的是一条创新之路，侬走到现在，对侬讲起来顶大的启迪是啥？

包：我就觉得创新就在岗位，始于足下；第二个，我的体会，创新是勿问出身的，人人侪可以成功的，像我一样；第三个，我的体会，创新是要有方法的，率先垂范，自己带头，要锲而勿舍，共同成长；勿能一个人成长了，进步了，别人勿来三。第四个，我感觉要分享成果，成果来了，侬要和大家分享，勿能一个人独吞。最最要紧的，我觉得创新要有核心价值观引领，以金钱为目的的创新是勿可持续的。为啥道理？钱聚人散。

王：观众朋友，今朝的话题就到这里。下个礼拜《新闻坊》，"闲话上海"搭侬~

王、佳：再会。

"明星"劳模黄宝妹

（以下劳模黄宝妹简称"黄"，嘉宾主持王汝刚简称"王"，嘉宾主持刘舒佳简称"佳"）

王：周日《新闻坊》，"闲话上海"听我讲。迭个地方孃哦？
佳：哦，孃的，迭个地方我经常来的。
王：啥地方？
佳：上海国际时尚中心，看看秀，买买物事，兜兜逛逛。
王：还好吃吃物事，看看有啥便宜货，啥皮鞋一块钱买三双咾啥的，呒没介便宜的。开开玩笑，今朝来呢，阿拉勿是来白相的。今朝是五一特别节目"侬好劳模"，阿拉来访问劳模的。
佳：葛末今朝阿拉要去看阿里位劳模呢？
王：讲起迭个劳模真的是大名鼎鼎。伊是新中国第一代的女劳模，外加是"越剧演员"，而且是"电影明星"。
佳：介结棍啊？
王：名字三个字，老上海人侪晓得的，叫黄宝妹。辰光勿早了，伊在等着阿拉。
佳：好好好，走走走。

王：侬好大姐，大姐侬好。
黄：哦哟，好长时间呒没碰着侬了。
王：长远勿见了。此地经常来的是哦？
黄：诶，我经常来，我自己厂里呀。
王：哦，侬原来是迭个厂里的是哦？天天要来的，现在退休了，难板来。
黄：我在此地蹲了42年。
王：迭个是侬"娘家"。

谈谈身边事,回到老辰光

黄：对,回到"娘家"了。

王：黄大姐,看见侬交关开心。
黄：我也老开心的呀。
王：侬今年几化高寿啊?
黄：我现在虚年龄88。
王：88岁,哦哟,侬看眼睛勿花,耳朵勿聋。
佳：走起路来老精神。
王：大姐,侬对迭个厂是老了解哦。

访谈

黄：我对迭个厂老熟。我是厂还在日本人手里就来了。1944年,老早叫裕丰纱厂。我是年初四来上班的。所以日本人手里埃个辰光苦啊,一天工作12小时,两头六点钟(早6点到晚6点)。日本人的"拿摩温"(工头)要打人啊,弄得勿好要打人,我辫个辰光老苦的。国民党来了还是辫能样子,没改变。

王：也抄身?
黄：也抄身。工头也呒没调过,也是辫能样子。后来,1949年解放了。解放了人家就开心啊,俉讲共产党是工人阶级的党呀,是无产阶级政党,开心得勿得了。迭个辰光开心,乃末毛主席像拿好,还有朱德的像,俉到马路上去游行,开心煞了。

王：迭个是工人大游行,迎接解放。葛末侬后头万万呒没想到,毛主席还接见侬。

黄：毛主席接见我八趟。有几趟大会见到毛主席,有一次最最接近,我最开心了。辫个辰光是1956年的1月份,到了中苏友好大厦。门拉开了,毛主席立起来了。我迭个辰光像在做梦,我想哪能到了北京啦?我总觉得毛主席在北京喂。埃个辰光勿懂诶,哪能好像到了北京啦?激动得要昏脱咪,握好手我也勿放,昏脱咪。毛主席搭我握好手嘛,叫我坐坐。我老戆的就坐下来了。伊拉侪坐在后头,我搭毛主席坐在一道伊讲。辫搭陈毅市长,辫搭毛主席,我坐在辫搭。

王：迭个是侬的福气。
黄：激动得自己昏脱。乃末看着毛主席,皮鞋褪色了,黄的皮鞋,衣裳领

侬好劳模

头也毛脱了。穿一件淡颜色的中山装,领头也毛脱了,我真的印象老深,一辈子也勿会忘记的。乃末伊讲"侬做啥工作?",我讲"我是纺织厂工人","纺织厂好啊,责任老重的。全国人民穿衣裳要靠佴哦。"葛末,我心里感觉到,勿是报答,勿是感恩,而是有责任了。葛末,迭个辰光我觉得自己在纺织厂,应该要哪能热爱迭样工作,哪能做好迭样工作。我总归拿毛主席的迭句话记着。所以我一门心思就是要做生活,叫我做干部我也勿做,勿肯做。我就是欢喜纺纱。

王:葛末侬打结,一分钟好打多少只?

黄:24只。

王:一分钟啊?

黄:一根头7个动作。一分钟最快24只。

王:哦,结棍哦。侬想想看,7乘24是多少,我算术算勿出来,㧯个要做多少动作!

佳:反正就是老快的。

黄:我套钢丝圈,拿起来一套一揿就上去了。人家俚呆了。侬哪能套得介快?阿拉还要寻咪。迭个俚是平常接惯了。我迭个人欢喜动脑筋,做事体欢喜动脑筋。我要末勿做,要做就要拨伊做好。

王:在我的从艺过程中,谢晋大导演对我的帮助老大。伊为我拍过戏,我也参加过伊导演的影片,伊还来看我演出。在交往当中,伊曾经谈到过,伊为侬拍过戏的。为劳模拍戏,黄宝妹是第一个。㧯个是几几年的事体?

黄:1958年辰光。1958年周总理到上海来,伊讲上海劳模蛮多的,拍一部劳模的电影。㧯能样子,伊讲好宣传宣传。市委研究决定就拍黄宝妹。拍黄宝妹迭个任务,交给了天马电影制片厂。后来搭谢晋导演讲,侬迭部电影叫黄宝妹自己拍。乃末谢导讲:工人哪能拍电影啊?哪能拍法子啦?葛末伊到厂里向来了,到宣传部。宣传部的干部领伊到我屋里向去。我是夜班,领到我屋里向。我勿晓得啥事体,乃末搭我来谈,谈了大概半个多钟头。七谈八谈,谈谈讲讲,也勿讲啥物事,也勿讲为了啥事体。后来走了我也勿晓得。后来决定由我自家拍了。

[《黄宝妹》电影片段]

我这次离开上海,到北京参加八大的时候,大家不是要我回来好好传

谈谈身边事,回到老辰光

达吗?

是啊。

这一次的大会,对我是最生动、最实际的马列主义教育,给我的感受太深了,尤其是毛主席的讲话,对我来说是一生也难忘的。

毛主席身体好吗?

毛主席身体很好。

毛主席说什么?

毛主席说啊,要我们破除迷信,解放思想,要我们做一个敢说敢想敢做的人。

电影《黄宝妹》剧照

王:我听讲侬年轻的辰光,求爱信收着勿少是哦?

佳:真的啊?

王:人又漂亮,又正派,又要求进步,求爱信交关是哦?

黄:求爱信埃个辰光勿得了。开始辰光我看的,看到一封信,东北来的一封信,讲伊人有多少高低,多少腰身等,侪写清楚了。

王:时尚哦?迭个辰光已经蛮时尚咪。

黄:后来收多了,志愿军特别多。收信多了,乃末我也勿看迭个信了。葛末我伊辰光小人也蛮大了,辩个哪能办呢?结果后来请作家起草写回信,起草好之后复印。老早复印侪是油印的,复印好迭个信侪交到总工会去。总工会一看,辩个勿来三,人家写来一封信,收到迭种复印的回信勿来三的,葛末讲侬要抄。介许多哪能抄法子呢?乃末发动教育科的人抄。教育科的人讲,抄信可以的,要喊伊每个人送一张照片拨阿拉。葛末我就去印了,一寸照片,一人一张,替我抄的人,侪送给伊拉一人一张照片。伊拉替我抄,抄好之后发出去。发出去之后信还有。葛末《人民日报》来采访,迭个辰光第一个"五年计划",拿阿拉家庭组织起来,讨论第一个"五年计划"的情况。阿拉发言,老公发言,小人也一道参加,拍好照片啥的。结果迭个发言的照片,登报登出去,老公哪能发言,让人家晓得伊结婚咪,倷勿要再来寻伊了。

王:所以阿拉的劳模,其实生活还是丰富多彩的。特别是黄宝妹大姐生活当中,我对伊还是比较了解的。阿拉小学里读书的辰光,讲向英雄学习,向劳模学习,写文章。人呒没看见过,我也写过的,向黄宝妹学习。学伊啥呢?就是积极生产,爱国。阿拉辫代人当中印象老深,伊在业余生活当中唱歌跳舞,还会唱越剧,伊的越剧唱得老好。

黄宝妹学越剧

佳:葛我要听听看。

王:侬阿好唱一段拨阿拉听听?

佳:阿拉真的老想听的。

黄:我只喉咙哑脱咪。

佳:勿要紧,侬随便哼哼好了。

黄:只见他又是懊恼他又是悔,独坐一旁他发了呆,
倒叫我要死不能死,要归又无家归,
要闹又不能闹,要赔也无钱赔。
迭真是我走也难来留也难,进退两难我怎安排。

(《祥林嫂》片段)

王:你给我坐咚,我会待你好的。嫽!十十足足袁派,中气十足,侬活

谈谈身边事,回到老辰光

100岁呒没问题的。中气介足的,迭个袁派唱得像,灵光灵光。今朝来看侬也老开心,领导还是老关心侬的,特别是电视观众还是老牵挂侬的。所以借此机会,向侬问好,祝愿侬健康长寿,越来越开心。

黄:谢谢,谢谢侬!侬百忙当中来采访我,我是老开心的。谢谢。

好警察马人俊

（以下英模马人俊简称"马"，嘉宾主持王汝刚简称"王"，嘉宾主持刘舒佳简称"佳"）

王：周日《新闻坊》，"闲话上海"听我讲。今朝阿拉要来拜访劳模了。

佳：今朝阿拉哪能在派出所门口头？

王：对，阿拉拜访的迭位劳模，过去就在派出所工作，叫马人俊。讲起马人俊的名字，可能大家并勿是老熟悉，但是我讲一只电影侬就晓得了，有一只黑白电影《今天我休息》。

佳：我晓得了。

王：里向有一个公安民警叫马天民，就是根据马人俊的事迹所改编的，阿拉今朝就来拜访劳模老马。

佳：走。

王：老马。

马：王老师，侬哪能来了啦？

王：阿拉今朝来听侬传经送宝，迭个侪是侬的徒弟是哦？

马：对的。

王：开心，身体好哦？

马：还可以。

王：好。交关高兴，今朝我看到侬身体介健，侬参加工作多少年数了？

握手

马：我是1950年参加工作的。当时我在学堂里读书，当时公安局叫警察局，都是国民党辰光留下来的老警察。

王：留用人员。

马：陈毅市长提出来，要组织一支自家的警察队伍，(我)就报名了。当时呒没公安学校的，就集中内训两个月，就分配工作了。

王：第一趟分配工作就在此地，芷江西路派出所。过去叫啥派出所？

马：老早叫指江庙路派出所，指江庙路管辖到现在的西藏北路，老早叫和田路，搿个地方有只庙，所以叫指江庙路派出所。

马人俊年轻时照片

佳：伊个辰光要做点啥事体呢？

马：现在叫社区民警，搿个辰光叫户籍警。我管辖的户口段一共有四百多家人家，有五千多人。搿个地方原来是一片荒地，有坟磴山的。

王：我记得迭个地方老早地形老复杂的，人员情况更加复杂了。因为小辰光我来白相的，搿搭有旱桥，下头侪是棚户区，人交关杂，对民警的工作造成压力，危险性相当大。

马：老百姓当中对国民党警察留下来的印象老勿好。我是抱着一股热情来的，但到了迭个地方以后老百姓勿理解。我去以后搭搭我两句，根本呒没真心闲话。所以我也急得勿得了，我也哭过。后来我的所长，吴官民所长，现在还健在。伊搭我讲："小马，侬的热情是对的，但是侬一定要把心交拨老百姓，侬把心交拨老百姓了以后，老百姓才会以心换心。"

王：迭个言话讲得非常有道理。因为当时迭个地方老荒凉的。当时辰光还有种菜的，伊帮助老百姓一道种菜，老百姓是实打实的，因此在慢慢接触当中距离缩短了。

马：我管个户口段是大统路五条弄堂，927、951、973、981，谈家湾。实际上呒没弄堂的，统统是烂泥路。晴天也要赤脚走，人家会问：侬为啥勿好着套鞋？买勿起呀，啥地方买得起呢？到了落雨天呢屋里向侪是水，侪进水的。我想我是勿是从搿搭开始做起？我就挖明沟，挖好之后雨水通到河浜里去。上头没盖哪能办呢？搿个辰光普善路有一个四明堂，四明堂是穷人死了以后，去打白皮棺材的地方。我去联系，俚用下来的角料是勿是可以拨我？我拿从四

侬好劳模

明堂讨得来的白皮棺材的角料,铺在上头搭下头。烂泥哪能办呢?我到四川北路的玻璃厂去拉煤屑,用塌车去拉。开始辰光老百姓勿相信,警察哪能会做辩种事体?我就拉,整整拉了两个多礼拜,我拿辩条弄堂铺好。铺好了以后,晴天侬可以着布鞋子走,落雨天水也勿进屋里了。

王:所以老马做的,实际上是党一贯对阿拉的教育,老百姓欢喜实打实的。侬做多少事体人家侪看在眼睛里,侬为老百姓办好事体,老百姓勿会忘记侬的,老马后头的工作是越做越顺。据说伊身上的故事老多的,其中有一只故事叫"一碗红烧肉,抓一个反革命",迭个是哪能桩事体?

马:因为老早都是穷人,吃红烧肉是过年吃的,平常是吃勿着肉的。有一天我到户口段去,陈惠山老伯伯搭我讲,我记得老清爽的,伊讲今朝7号里在吃肉。伊哪能会得晓得呢?一条弄堂里向,一家人家烧肉,一条弄堂侪闻到。因为是棚户区,侪能闻到。我就去了,我讲俉今朝哪能了?

王:阿是有客人来?还是办喜事?

马:伊讲我苏北的同事,也搭侬一样是做警察的,迭趟到上海来抓坏人来,葛末伊来看看我,所以我买了一只蹄髈。当时我脑子里向想,警察哪能勿到公安局招待所去?第二,哪能可以到老百姓屋里向来吃肉?所以我脑子里向已经引起了警觉。我就上门去了,一进去,伊低了头在吃,喝口酒,在吃迭个肉,勿肯头抬起来。我讲:"同志啊,侬今朝哪能⋯⋯?"伊讲:"辩个是我的老乡,我到上海来看看伊。"我搭伊讲闲话末,伊头抬起来了。我看伊是有点笸白眼,人有一米七十多点。

"红烧肉"抓逃犯

· 219 ·

王：特征被侬寻着了。

马：我拿辔桩事体就记了心上，因为没发现啥事体，我就走脱了。到了半夜里，所长拿阿拉喊去了，讲黄浦分局今朝逃脱一个逃犯，问起来，讲了一个特征，讲迭个人有点笪白眼，是苏北人，人大概一米七十左右。我就举手了，我讲："所长，我上半日碰着一个人跟侬讲的一样的。"分局就来人了，我就带了人追到伊屋里，问问伊。敲门进去，伊睏着，就辔能捉牢了。

王：所以迭个叫天网恢恢疏而勿漏。老马是阿拉迭代人心目当中的明星，曾经拿伊的事迹拍成电影，叫《今天我休息》。

佳：《今天我休息》迭只电影我也看过的，但是我想问侬，苏州河里去捉猪猡迭桩事体是真的还是假的？

马：苏州河里抓猪猡迭桩事体是辔能的，我夜里向巡逻，走到谈家湾的河浜旁边，听到河浜里有声音，我当有人落水了。我就奔过去，奔过去一看是只猪猡在河浜里，乃末我下去拿伊拖上来。拖上来一看辔个猪猡的屁股上有块白毛，我就晓得了，这是谈家湾一个居民，一个老伯伯屋里养的。电影艺术加工，变成苏州河里救猪猡了。

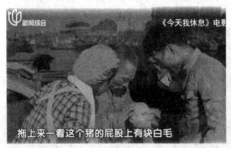

《今天我休息》剧照

王：我听说侬现在有交关学生，交关青年人侪以侬为榜样，迭个几位阿拉侪蛮熟的。

马：我现在看到交交关关优秀的民警，伊拉的先进事迹我老感动的。因为阿拉辔个辰光主要靠努力，靠苦干，现在靠信息，靠网络，靠大数据，要求比阿拉高得多了。

王：讲得交关好。阿拉真诚地祝愿侬身体健康，万事如意！

马：谢谢，谢谢！

"小扁担"杨怀远

（以下劳模杨怀远简称"杨",嘉宾主持王汝刚简称"王",嘉宾主持楚楚简称"楚"）

王：周日《新闻坊》,"闲话上海"听我讲。阿拉今朝去拜访一位劳模,辣个劳模搭黄浦江有交关大的关系。不过迭个劳模的人老好的,伊说黄浦江是个旅游区,人呢多勿过。辣能样子哦,侬索性到我的屋里向,阿拉有幸到辣个劳模的家里向去。

楚：哦哟,清静一点的地方对哦? 葛末,辣个劳模究竟是啥人,侬可以给阿拉一点提示哦?

王：辣能样子,侬一听就晓得了,上海赫赫有名的劳动模范——"小扁担"杨怀远。

楚：久闻大名,葛末今朝终于可以去拜访一下伊了。

王：好的,就在辣面,走哦。

王：老杨师傅,侬好。

杨：侬好。

王：我来拜访侬。

杨：我家不脱鞋子。王汝刚来啦,老朋友啊。不得了,进来进来。

王：老杨师傅,大家侪老关心侬,侪知道阿拉全国劳动模范杨怀远,侬屋里向辣只百宝箱还在哦?

杨：百宝箱退休之后交给徒弟了,那个东西多诶。

王：那你怎么会想起来搞一个百宝箱呢?

杨：在海上有钱买不到鬼推磨,特别是老弱病残。鞋子坏了怎么办? 不能走路。小孩子没奶瓶怎么办? 所以每天就积累积累,我积累了30多项,但

谈谈身边事,回到老辰光

是在船上哪里有呢?一个女同志在跳舞厅跳舞,高跟皮鞋跳坏一个,穿着丝袜怎么走路呢?你要搞一套给她修理。旅客在甲板上看海,结果身上蹭了油漆,这一身衣服怎么办呢?还有一个,小孩的奶瓶,我跑大连的,1974年到1980年,这个时候,正是黑龙江的知识青年结婚成家,抱孩子到上海看外婆,交通上面小孩子多得很,一到大风大浪,孩子的妈妈就晕船了,奶水就干了。结果你这套要搞。小孩的奶瓶啊、奶糕啊、白糖啊、蜂蜜啊,你要备用一些,所以就准备了这些。客未想到我想到,客想到我做到,想在前做在前,处处为客送方便,这样越做越多。挑扁担,说实话我挑了38个年头,从24岁挑到62岁。开始我轮船跑青岛,青岛这个航线,上世纪60年代老人将近占百分之三四十,这个航线哪来这么多老人?因为大军南下,解放上海,留了6000名多解放军。上海军管制,他父母亲听说儿子在上海军管了,不惜一切要到上海来看儿子。我们的任务就是把老太太放下船。船上服务好,把你扶下去我就完成任务了,但那时候的老太太怎么出港,下了楼梯还要上天桥。

年轻时的杨怀远

王:辣个一张画阿拉看得老感动的,真正反映了侬在送旅客的场景。辣个一张照片在王开照相馆拍的,对我讲起来比较熟悉的,因为阿拉小辰光经常在南京路白相,王开照相馆经常换英雄劳模和先进人物的照片。作为全市人民的展览,迭个两张照片我侪看见过的。

杨:搞服务产生的感情,旅客满意就是我工作的方向,每天要给人民做一点好事,觉得心里就不愧这样子,我为了追求这个叫"三个不要""两个不顾"。"三个不要",第一我不要当干部。在1980年以前我做政委,也是在挑扁担,也在做这些工作,后来感觉有些人议论,做政委挑扁担,好像有点不太好,好像有点不务正业。我打报告,打了三次报告,因为两次领导不同意,领导找我谈,问我是不是一时冲动。后来我又要求,又打,后来他告诉我,将来干群差别拉大了,你别后悔。我讲不后悔。我到 1980 年 5 月份,我 43 岁的时候,他们请示了交通部,把我政委工作免掉了。我讲我一不要资二不要产,就要一根小扁担;一不要钱二不要权,就要一个服务员。老战友们都讲,人家现在都当干部,你当了干部要下来;人家往上你往下,人家捡好你捡差,真是戆大。后来到上世纪 90 年代,干群差别拉大了:当政委一个月要 1 万多元,当服务员,我一直干到退休,只有 1270 元钱。我不后悔。要找做政委的好找,比我水平高的人有的是,但是找我这样挑扁担的不大有。我这个人有"三个低",第一个低是文化水平低,我没有上过学,也没有文凭也没有母校,只上过"五七"干校。第二个是级别低,我是零,班队长都不是,我的班长是小姑娘,小姑娘还没谈恋爱,我在小姑娘领导下好好工作。小姑娘手一指,杨怀远钻船底;小姑娘一声喊,杨怀远上跳板;小姑娘一声号,杨怀远换灯泡。还有一个就是环境低,我做五等舱,五等舱在水下,好热。我讲共产党员吃苦在前,享受在后。一共 17 年,我送给旅客的雨伞,送掉 620 多把。你打回去了,我不要你的了,人民给你的,社会给你的。给老人拐杖,老人怕摔跤。

楚: 杨师傅我想问问看,为啥前头阿拉听侬讲的过程当中,发觉侬的话侪是"一套一套"的。

杨: 为什么想讲顺口溜呢?因为轮船跑海,会碰到大风大浪。一来风浪旅客就会晕船:"服务员,什么时间到?我晕得太厉害了,吃不消了。"简单话说,"我有什么办法?要到就到,不到就睡觉,反正也不能往下跳,对吧?"后来我想这样讲不行,我讲:"别急啊,时间越来越少,风浪越来越小,晕船越来越好,船到吴淞口,保证你能走,船进黄浦江,保证你健康,到了客运站,保证能吃饭,不相信你就试试看。"

王、楚: 哈哈哈。

杨: 服务是两种服务:一种是行动服务,一种是语言服务,语言服务是安慰。一挑这个扁担,从上世纪 60 年代初挑到 90 年代末,从计划经济挑进市场经济,从青年、中年挑到老年,从大陆沿海挑到香港,从 24 岁挑到 62 岁。为着人民挑扁担,春夏秋冬挑不闲;挑得冰雪化春水,挑来凉风送暑天;为着人民挑扁担,老人困难挑在肩;肩挑行李大步走,泰山压顶也不弯。

楚: 辫个是长的,对哦,辫个是短的?

谈谈身边事,回到老辰光

看扁担

王汝刚找到自己题字

杨：这是大的,这是短的,挑两百多斤不会坏的。

王：迭个是专门挑重的。

杨：短的也有。这个是短一点的,轻一点的。这个上面"为人民服务"挑扁担。

王：这个都是客人帮你写的。

杨：因为我有个铁的纪律,旅客看我挑得满头大汗,有时给一点小费,我铁的纪律,不收小费。有个扁担王汝刚签的名字呢。

楚：到现在已经20年了。

王：小扁担挑勿烂,夕阳青山更灿烂,越活越年轻。

王：观众朋友,今朝的话题就到此地了。也就是讲,辛次五一劳动节,阿拉推出的"侬好劳模",到今朝圆满收官了。在节目当中大家看到了劳模的时代风貌,伊拉的精神值得阿拉永远学习。观众朋友,下个礼拜天,"闲话上海"搭侬~

王、楚：再会。

后　　记

　　《闲话上海》出书了。在出书不再"神秘"的今天，一档电视节目，变成一本书，似乎只是载体的不同。可就是这个不同的载体，让出书这件寻常事，变得有些不同寻常。原先想，《闲话上海》出书，无非是划定选题，然后把节目播出时的字幕找出来，变成印刷工艺，最多再截屏几幅电视画面和漫画资料穿插其中，《闲话上海》就自然而然地从电视声画转身为书架上的文字，就这么简单。

　　可操作起来才发现，真没那么简单。选题还好说，只要从衣食住行中选择不重复的话题，尽可能让"老辰光"变得更有画面感和触摸感，让个体感受跟集体记忆幻化叠加。

　　定好选题，问题来了。作为一档沪语节目，我们的节目讲的全部是本地方言，但是播出时，为了符合电视节目的语言文字规范，又全部"翻"成普通话，那么这次出书，究竟按照播出时的普通话字幕，还是还原到它本来的面貌，回到上海话呢？从工作量来说，用普通话当然省心省力，但从推广上海闲话、传承上海文化的角度，用沪语来表达显然更贴切，这还不仅仅还原，而是最大限度地体现上海话的精华所在。要知道节目中的上海俚语和独一无二的上海话表达，也只有沪语的遣词造句才能传达上海式神韵，这是一种只可意会不可言传的心照不宣，非沪语永远会差一口气，一口烟火气，一口地气。事实上，还原过程极其繁琐复杂，多种表达看起来都有道理，哪个最接近沪语本意？哪个字词最有沪语韵咪？哪句句子的句式更合乎上海人的语言韵律？如此等等，所以说沪语化的过程又是一次创作，相信这本沪语书籍会像我们节目的片头语说的那样，它每周会如约而至，"谈谈身边事，带侬回到老辰光"……

　　从想出书，到出成书，仅仅半年多时间。这其中，要感谢的人很多，像国画家戴敦邦先生不顾年事已高工作繁忙，专门抽出时间为本书创作封面插图；王汝刚先生也是忙里偷闲，专门为本书作序；节目编导夏进、吴迪为本书反复筛选选题并修改文字；资深媒体人郑健(畸笔叟)利用自身深厚的上海文化积累

谈谈身边事,回到老辰光

为文字把关;节目编辑王晶楼、张力,主创刘晔和实习生徐一丹也是反复比对电视和书籍语言的细微差别;而美编毕勤朴则提供几乎每一期活色生香的漫画插图。大家各展所长,目的只有一个,为读者呈上一道原汁原味的海派文化大餐。同时为了尽可能让更多的读者了解并感受《闲话上海》栏目的风采,我们在成书过程中,将所收录的每期节目内容均配上了二维码,便于广大读者"音视频"结合全方位地享受这道原汁原味的海派文化大餐。这道大餐是每一个喜欢上海文化的人共同熬制的,岁月使它回味无穷,未来它依旧醇香四溢,馥郁芬芳……

编　者

2018 年 7 月 12 日